Dieter Szametat

Improvisieren

auf der Gitarre

Voggenreiter Verlag Bonn-Bad Godesberg

Umschlaggrafik: Jürgen Pankarz
Lay-Out: Werner M.Gustav
Notensatz: Satzstudio, Bonn - 2

ISBN: 3-8024-0124-7

VORWORT

Eigentlich könnte ich jetzt einen Vortrag halten, was man unter Improvisation versteht. Aber mir fiel zum Glück noch rechtzeitig ein, daß es dicke, hochgeistige Wälzer gibt, die so etwas so treffend und gekonnt formulieren, daß einem beim Lesen vor Freude das Wasser in die Augen steigt. Da liest du zum Beispiel: "Improvisation besteht musikalisch im Erfinden und gleichzeitigen klanglichen Realisieren von Musik. Sie schließt die schriftliche Fixierung sowie die Wiedergabe eines Werkes aus." Ein anderer Schinken klärt dich auf:"Improvisieren bedeutet, über einen Gegenstand, der zur Aufgabe gestellt ist, unvermittelt produktiv zu werden." Und wenn du immer noch nicht vor Ehrfurcht flach am Boden liegst, dann haut dich vielleicht auch die nächste Formulierung nicht mehr aus den Socken: "Improvisieren bekundet sich musikalisch als klingendes Ergebnis der Auseinandersetzung spontaner Eingebung mit einer gestellten Aufgabe." Ist das nicht zum Weinen schön ausgedrückt? Ich hätte es niemals so gut erklären können.

Wenn du allerdings ein Typ bist wie ich, dann weißt du längst, was du willst, und es stellt sich für dich eine ganz andere Frage, die wahrscheinlich lautet: "Wie lerne ich Improvisieren?" Vielleicht hast du auch schon 'mal Musiker gefragt, die es schon konnten. Ich bin sicher, oft war die Antwort: "Ich habe angefangen, Soli von Platten, die mir gefielen, per Ohr nachzuspielen." Dieser Weg wird oft gewählt, ist aber langwierig und sehr mühsam. Er ist allerdings sehr natürlich. Viele Fähigkeiten erwirbt sich der Mensch erst einmal durch Nachahmung. Was du lernen willst, muß dir erst einmal vorgemacht werden, und im Nachahmen trainierst du Fähigkeiten, die es dir später ermöglichen, das gleiche oder ähnliches selbst zu tun. Ich will jetzt nicht über Lernprozesse philosophieren, keine Angst! Ich will dir mit diesem Buch nur helfen, einen kürzeren und bequemeren Weg zum Improvisieren zu finden. Oft sind die Soli auf Platten so virtuos, daß es einem Anfänger auch mit sehr scharfen Ohren fast unmöglich ist, die Töne zu reproduzieren. Da die schlauen Bücher immer auf den Widerspruch von Improvisieren und Nachahmen hinweisen, haben sich auch die Lehrbuchautoren, die sich mit diesem Thema bisher beschäftigt haben, gescheut, Improvisationen aufzuschreiben. Meist werden nur Tonleitern und Gesetzmäßigkeiten der Harmonielehre angeboten. Den dicken Büchern zum Trotz habe ich es gewagt, neben den nötigen Regelkenntnissen auch Improvisationsbeispiele widerzugeben, die leicht nachspielbar sind. Regeln allein werden dich wahrscheinlich nicht so heiß machen wie die Musik selbst. Wenn du die Tabulaturen im Buch nachgespielt, das heißt also die Regeln praktisch angewendet hast, bist du an dem Punkt angekommen, wo aufgeschriebene Musik überflüssig wird, wo nur noch dein eigener Geschmack diktiert und deine Phantasie erfindet, ohne allerdings den Rahmen der Spielregeln zu verlassen. Diese Spielregeln zu dem immer wieder neuen und aufregenden Spiel "Improvisieren" in seinen verschiedenen Stilarten findest du auf den nächsten Seiten mit Erklärungen und praktischen Anwendungsbeispielen.

Dieter Szametat

INHALTSANGABE:

Einleitung

Die Startvorbereitungen zur Improvisation

In diesem Buch will ich dir zeigen, wie man über Akkordfolgen dazu passende, selbsterdachte Melodien oder Melodieteile spielen kann. Du hast sicher bei einer Band oder sonstigem Zusammenspiel von Künstlern schon den Ausruf gehört “und jetzt nach C” – oder “jetzt in G”.
In diesem Moment wußte der Solist, welche Töne er spielen durfte und welche nicht.
Zu diesem Zweck bedienen wir uns der Einfachheit halber der Tabulatur. Nun ist die Tabulaturschreibweise ein alter Hut – mehrere hundert Jahre alt –, aber da sie, keiner weiß warum, immer wieder anders (in Kleinigkeiten zugegeben) aufgezeichnet wird, einigen wir uns auf das Nachfolgende:

Die Zahlen im Liniensystem der Tabulaturen zeigen dir, im wievielten Bund die Töne zu finden sind. Jede Paralellinie stellt eine Gitarrensaite dar, auf der du dann nur noch die Bünde abzählen brauchst. Jeden Takt teile ich in Achtel ein.
Ich erkläre dir nochmal am Beispiel der C-Dur Tonleiter die Schreibweise, wie ich sie im Buch verwenden werde.

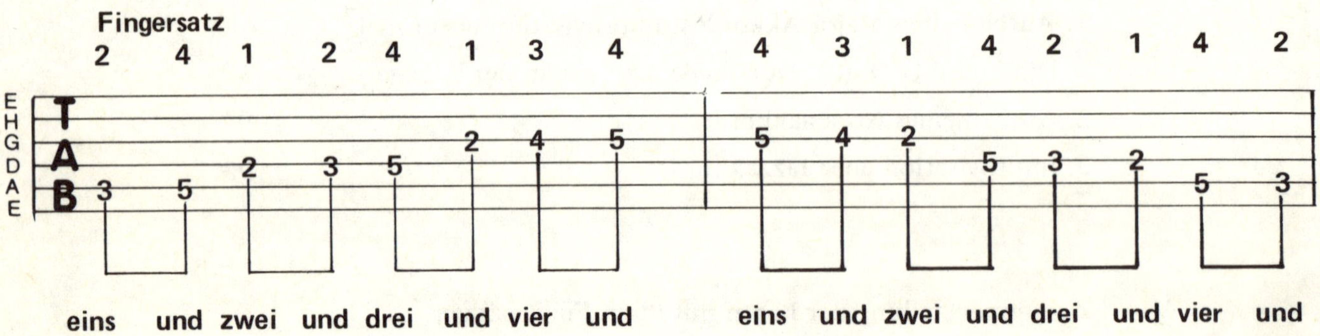

Die oberste Linie ist die hohe E-Saite. Die unterste Linie ist die dicke E-Baßsaite.
Der erste Ton, den du jetzt spielen sollst, ist auf dem 3. Bund der A-Saite, darum steht die 3 auf der A-Linie.
Der nächste Ton liegt ebenfalls auf der A–Seite. Diesmal im 5. Bund. Damit du die Töne mit dem richtigen Finger drückst, achte auf die Zahl, die über dem Tabulatursystem senkrecht über der Tonangabe steht. Sie zeigt dir, daß du in unserem Beispiel den ersten Ton mit dem 2. Finger (Mittelfinger), den nächsten Ton mit dem kleinen Finger drücken mußt.
Willst du unsere Tabulaturbeispiele weiter spielen, mußt du jetzt mit dem ersten Finger (Zeigefinger) die D -Saite im 2. Bund drücken u.s.w.
Eine Tabulatur wird so wie man liest, von links nach rechts abgespielt, egal auf welcher Saite die Töne liegen.

Der Rhythmus

Um im richtigen Rhythmus zu spielen, zählen wir mit. Wichtig ist, daß du zunächst langsam und in gleichbleibender Geschwindigkeit zählst.
Der Ton muß genau in dem Moment angeschlagen werden, in dem du "eins" sagst. Wenn du "und" zählst, muß schon der nächste Ton kommen, und so weiter, bis du bei "vier und" am Taktende angekommen bist. Im nächsten Takt mußt du natürlich wieder bei "eins" anfangen zu zählen.
Das Tabulaturbeispiel steht im 4/4 Takt. Bei einem 3/4 Takt zählen wir nur bis "drei" "und".
Ich teile jeden Takt in acht Teile. Vier Stellen werden mit Zahlen gezählt und die restlichen vier jeweils mit "und".

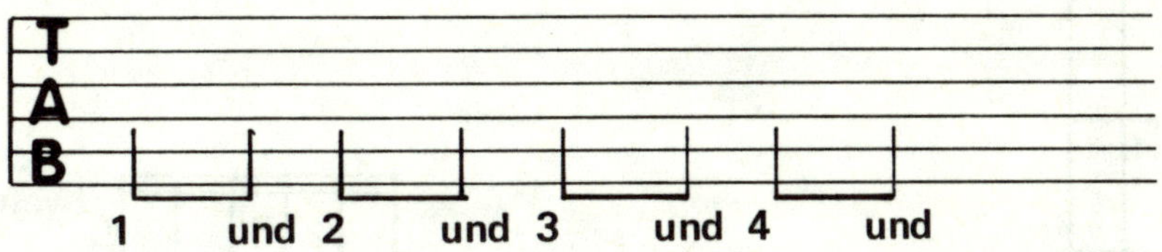

Hier eine Taktzählübung von einem Taktstrich zum nächsten; laut zählen und an der Stelle, wo ein Ton gespielt werden soll, auf die Gitarre "klopfen". So wird schön deutlich, in welchem Rhythmus die Töne gespielt werden sollen.
Wenn der Rhythmus klar ist, kannst du anfangen die Töne zu suchen. Anstelle des Klopfens setzt du nun die Töne.

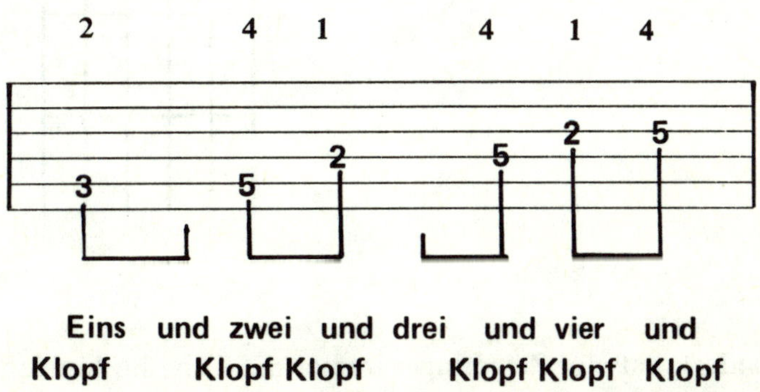

Take 1

Lage und Fingersatz

Wenn man beim Gitarrespielen von einer Lage spricht, meint man einen kleinen Spielraum auf der Gitarre, der nur vier Bünde umfaßt. Die 1. Lage sind die ersten vier Bünde, die 2. Lage reicht vom 2. bis 5. Bund, die 3. Lage vom 3. Bund bis zum 6. Bund etc..

Die Zahlen in den Kreisen sagen dir, mit welchem Finger du den Ton drücken mußt. Diese Arbeitsaufteilung der Finger nenne ich Fingersatz. Normalerweise reicht eine Lage aus, um eine Tonleiter zu spielen.

Sollte der Fingersatz doch über vier Bünde hinausgehen, werde ich dir dazu besondere Erklärungen geben.

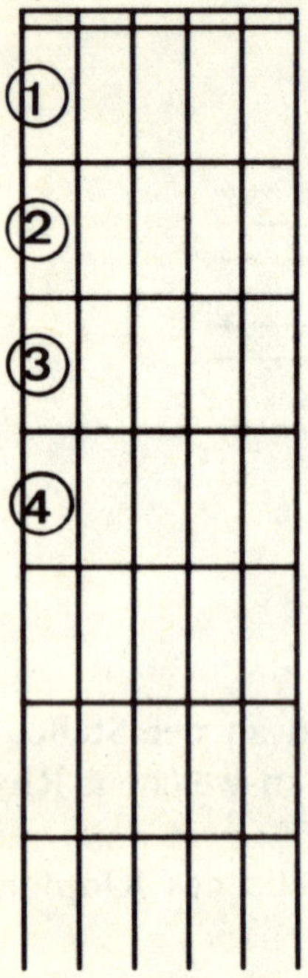

erste Lage

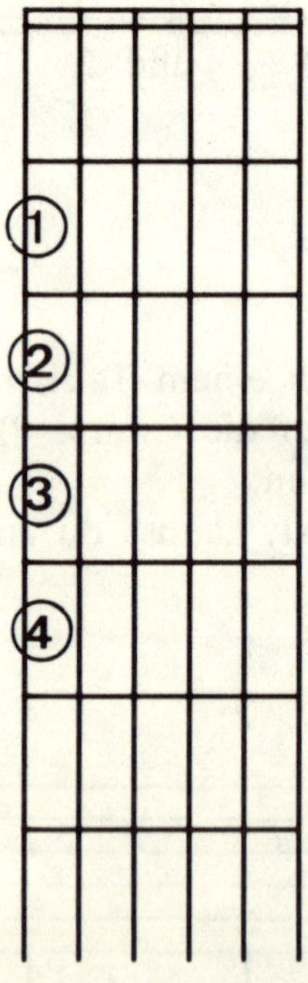

zweite Lage

Der Fingersatz ist so gegliedert, daß der Zeigefinger immer die Töne im tiefsten Bund drückt. Im nächst höheren Bund drückt der Mittelfinger. Einen Bund weiter nach oben der Ringfinger, und die Töne im höchsten Bund einer Lage drückt der kleine Finger. Damit du lernst, die richtigen Finger aufzusetzen, schreibe ich dir die nötigen Angaben über die Tabulaturen. Die Finger bezeichne ich mit Zahlen:

1 = **Zeigefinger** , 2 = **Mittelfinger** , 3 = **Ringfinger** , 4 = **kleiner Finger**

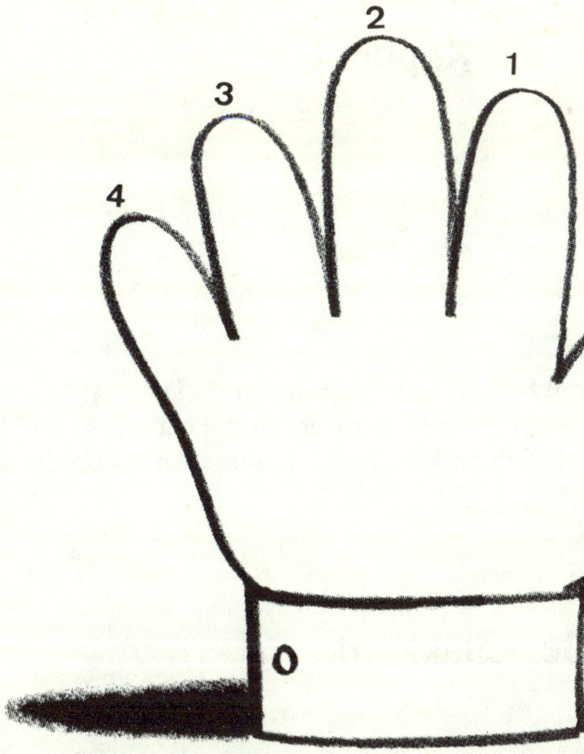

linke Hand

Kapitel I

Folk

In diesem Kapitel wollen wir über Dreiklangakkorde improvisieren. Diese Akkordform wird hauptsächlich im Folkbereich verwendet. Der rhythmische Schwerpunkt liegt dabei auf lateinamerikanischen Rhythmen wie Bossanova und Calypso. Solche Rhythmen lassen auch schon die aller einfachsten Tonfolgen toll klingen.

Melodien aus Tönen der Begleitakkorde

Nun wollen wir anfangen zu improvisieren. So wie man beim Singen einer Melodie die Stimme mit Akkordbegleitung untermalt, so wirst du immer beobachten, daß sich meist zwei oder mehr Gitarristen zusammenfinden, um zu improvisieren. Einer spielt eine Tonfolge, die von einem Rhythmus-Gitarristen mit Akkorden begleitet wird. Melodie und Akkordbegleitung haben eine enge Beziehung. Wenn beides zusammenpaßt, empfindet man den Zusammenklang als wohltuend. Die wenigsten Fehler passieren dir am Anfang, wenn du nur aus den Tönen eine Melodie spielst, aus denen auch die Akkorde des Rhythmusgitarristen bestehen. Diese Töne nenne ich Akkordtöne. Ich zeige dir jetzt, wo innerhalb der ersten fünf Bünde einige Akkordtöne für C-Dur, G-Dur und F-Dur liegen.

C- Dur Akkordtöne auf den tiefen Saiten

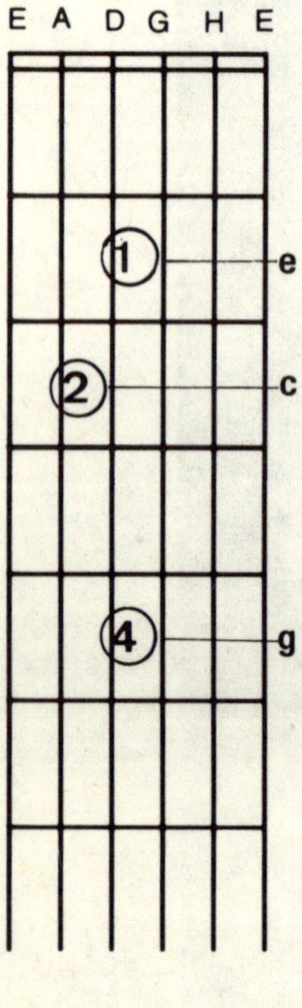

F – Dur Akkordtöne

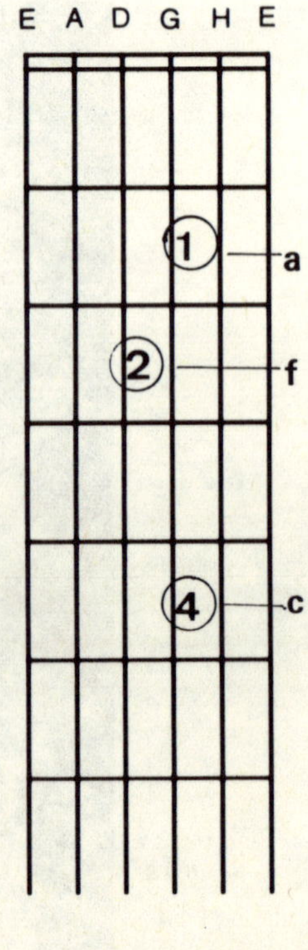

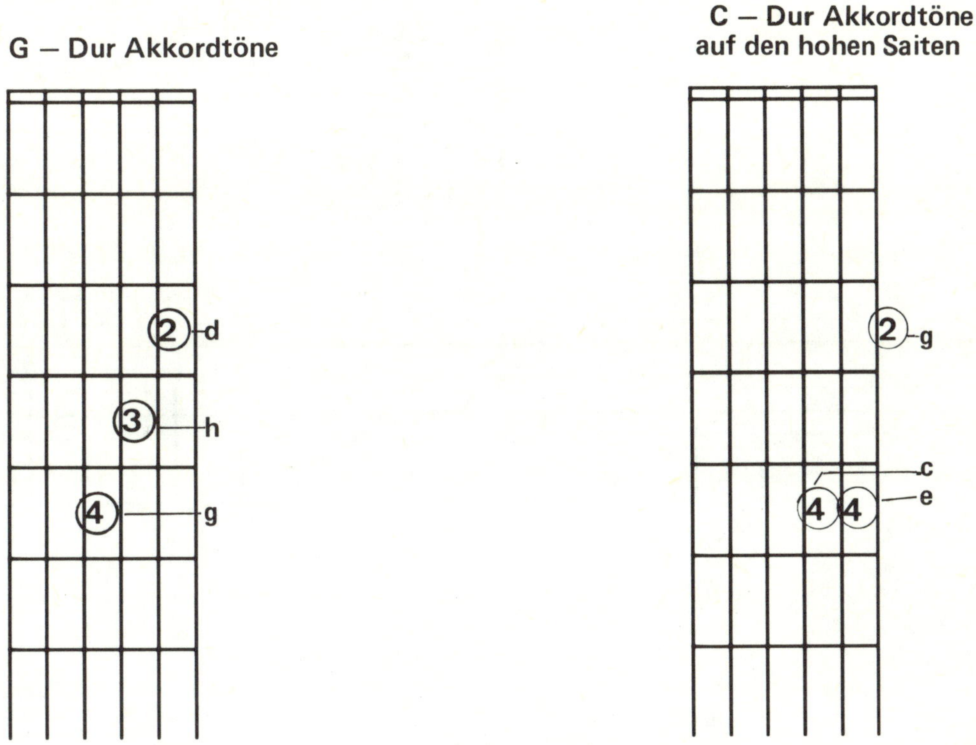

Zu Anfang fällt es dir vielleicht schwer, aus den paar Tönen, die ich dir gezeigt habe, eine gut klingende Tonfolge zusammen zu basteln.

Darum hier erst einmal einige Vorschläge in Tabulaturform, die dir zeigen, daß man auch aus wenig Tönen was machen kann. In der Fachsprache heißt das "Arpeggios spielen", wobei dir die Tabulaturen helfen sollen. Das ist nichts anderes, als die Töne eines Akkordes einzeln nacheinander zu spielen.

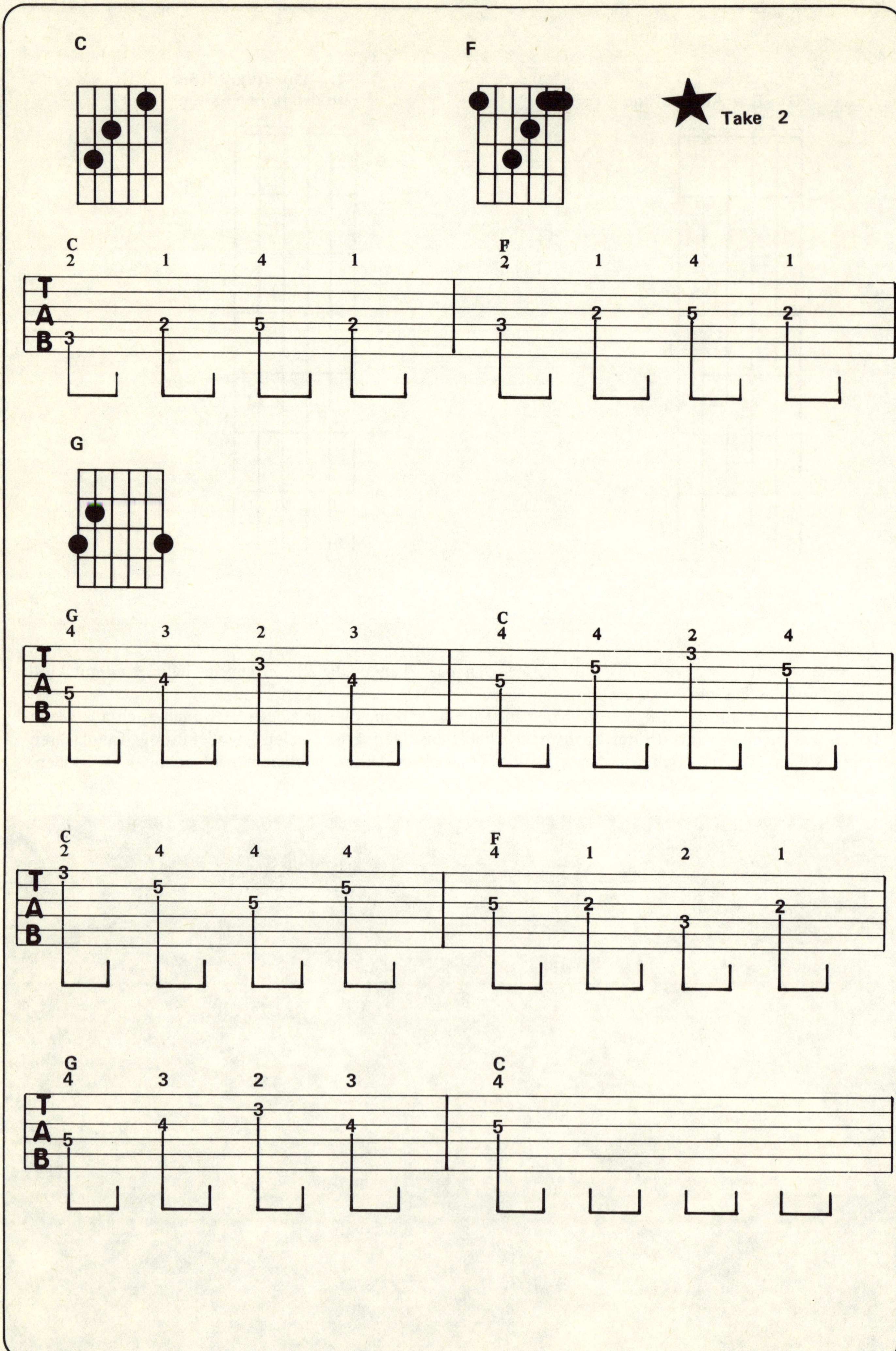
C
F
Take 2
C 2 1 4 1
T A B
3 2 5 2
F 2 1 4 1
3 2 5 2
G
G 4 3 2 3
T A B
5 4 3 4
C 4 4 2 4
5 5 3 5
C 2 4 4 4
T A B
3 5 5 5
F 4 1 2 1
5 2 3 2
G 4 3 2 3
T A B
5 4 3 4
C 4
5

Rhythmische Variante

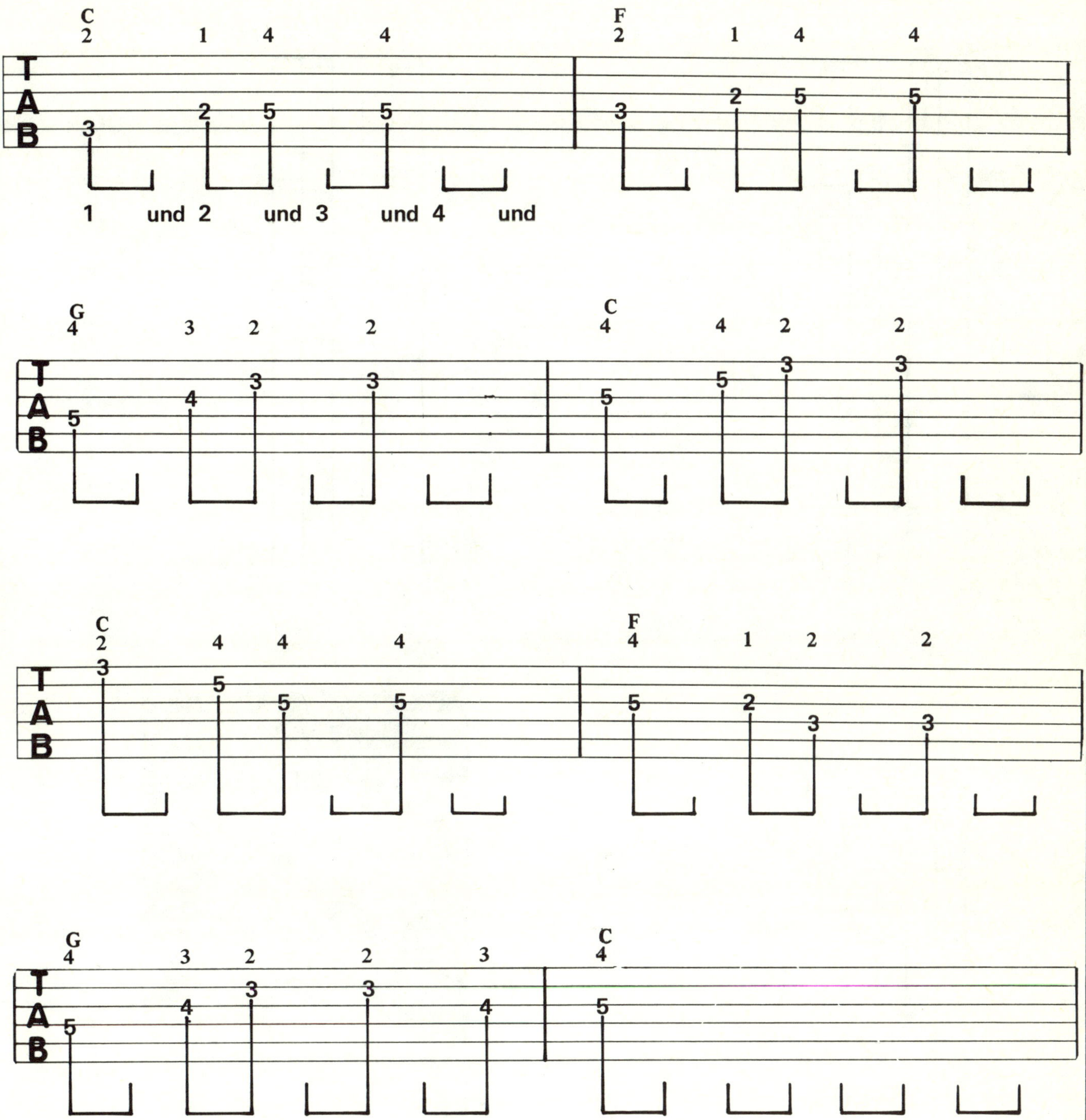

★ Take 3

Um die Übung abwechslungsreicher zu gestalten, nehmen wir noch die Akkordtöne von drei neuen Akkorden hinzu: Am, Dm und Em.

A – moll Akkordtöne

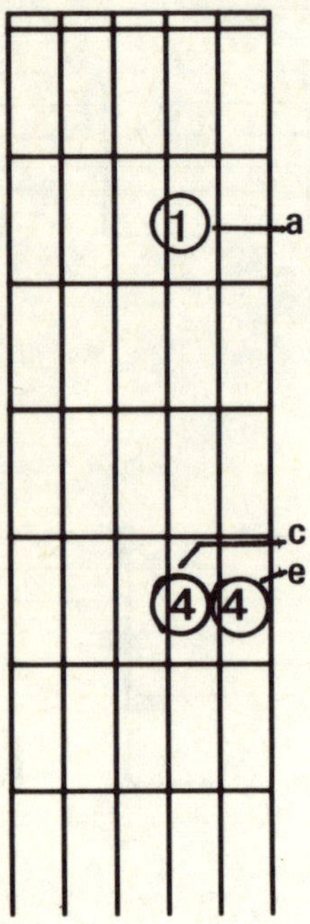

D – moll Akkordtöne

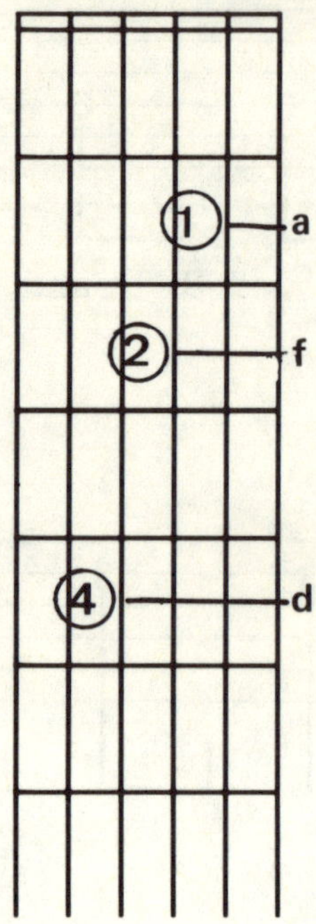

E – moll Akkordtöne

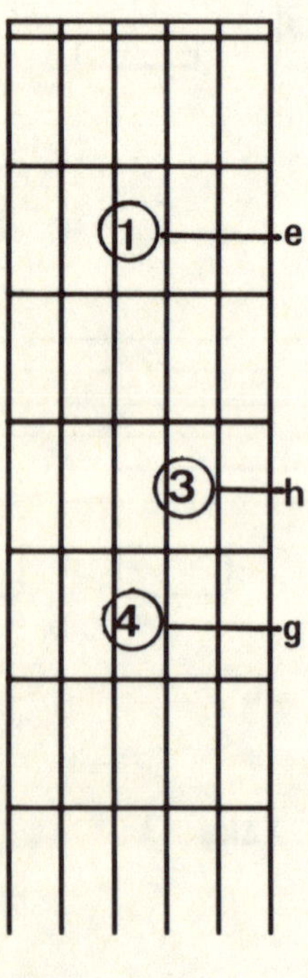

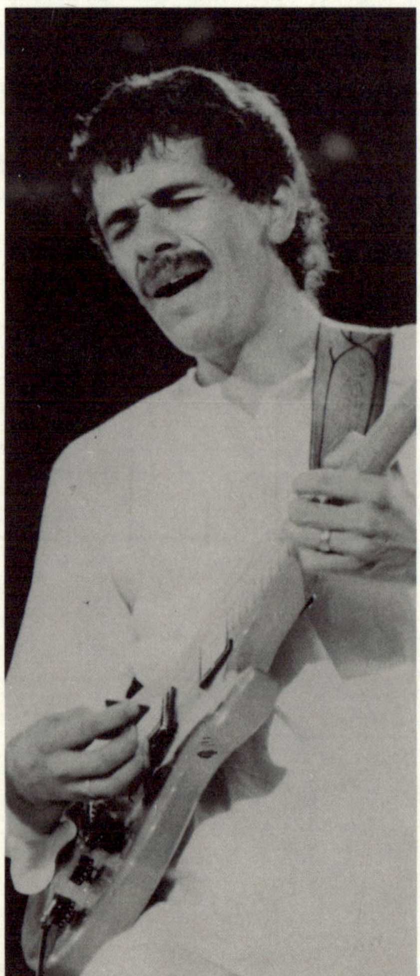

Take 4

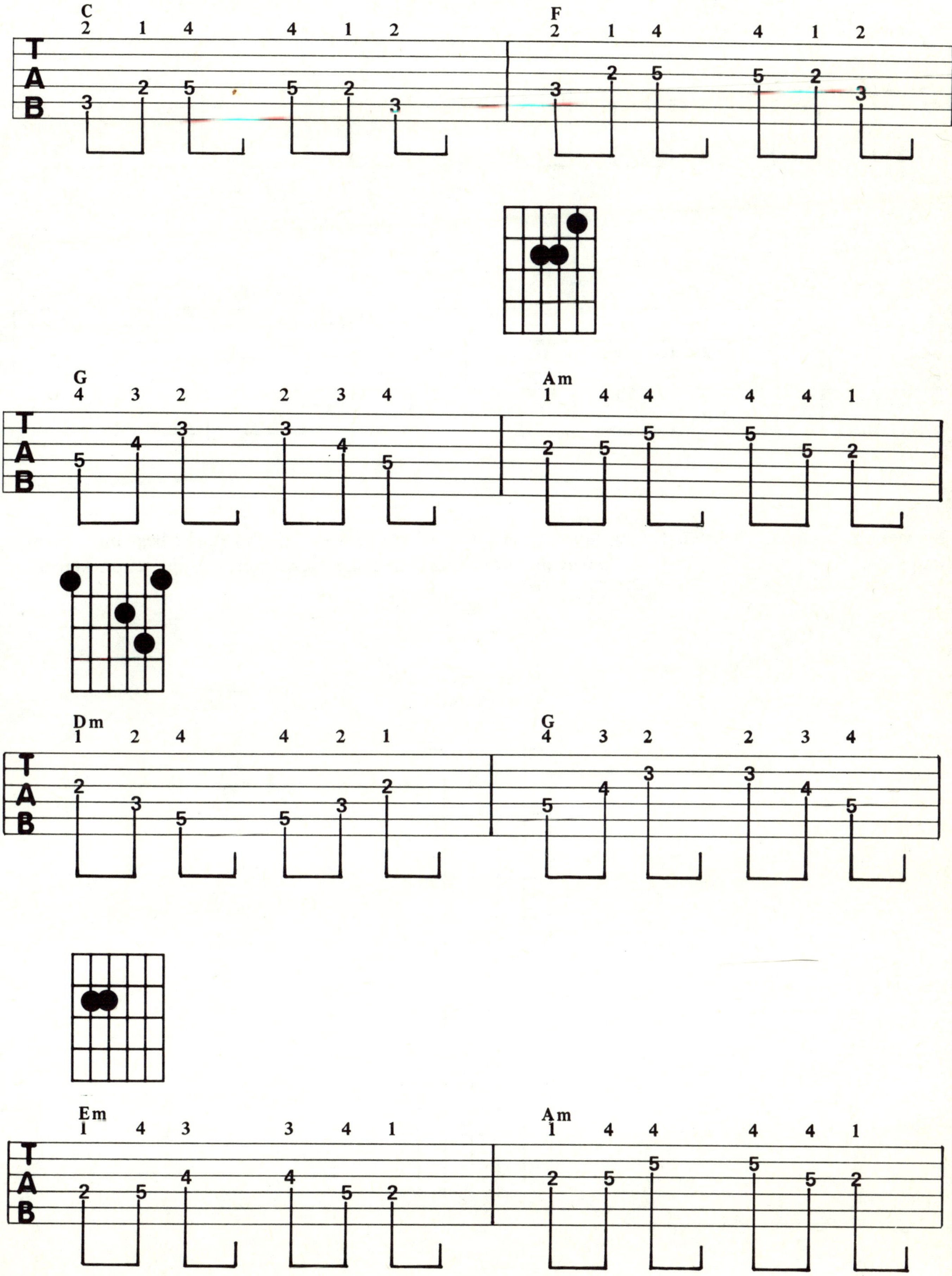

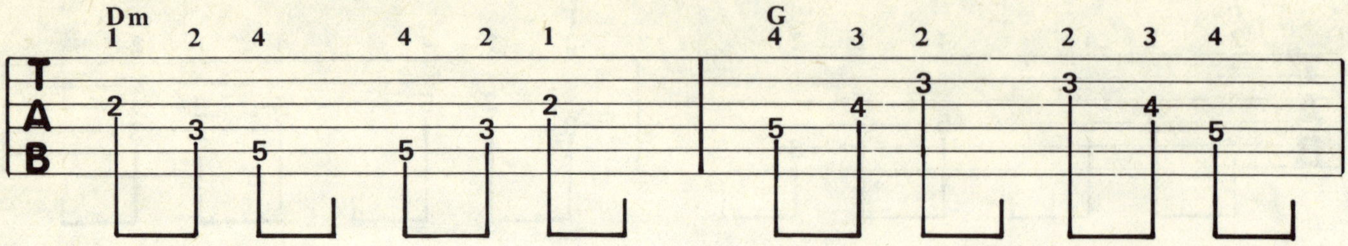

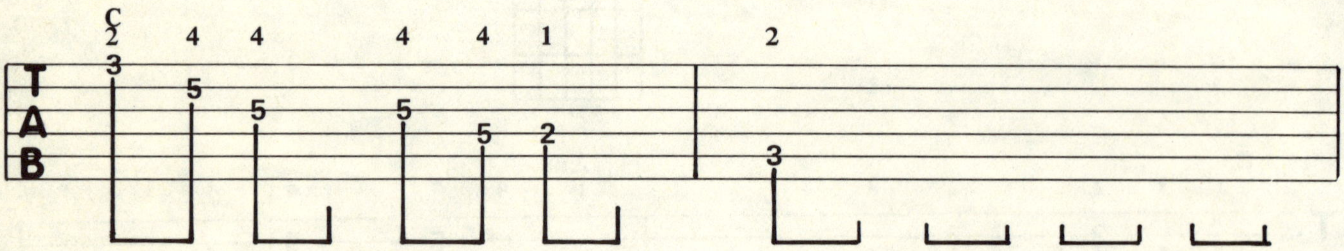

Im vierten Takt der nächsten Übung kommt ein neuer Akkordton für Am hinzu. Er liegt im fünften Bund der hohen E-Saite. Sonst werden in dieser Übung nur Töne verwendet, die du schon kennst.

Am Akkordton

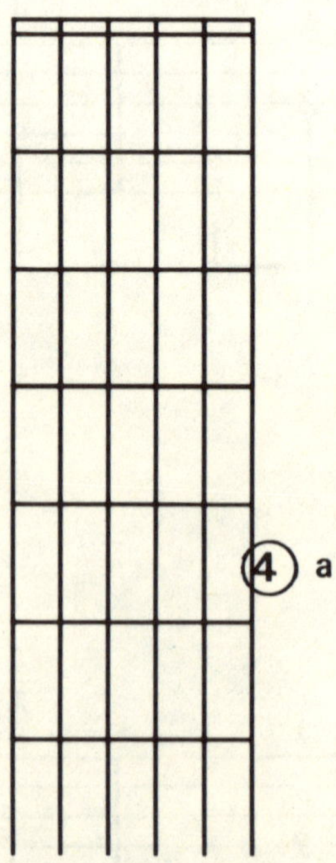

Improvisationsbeispiel mit Akkordtönen

Take 5

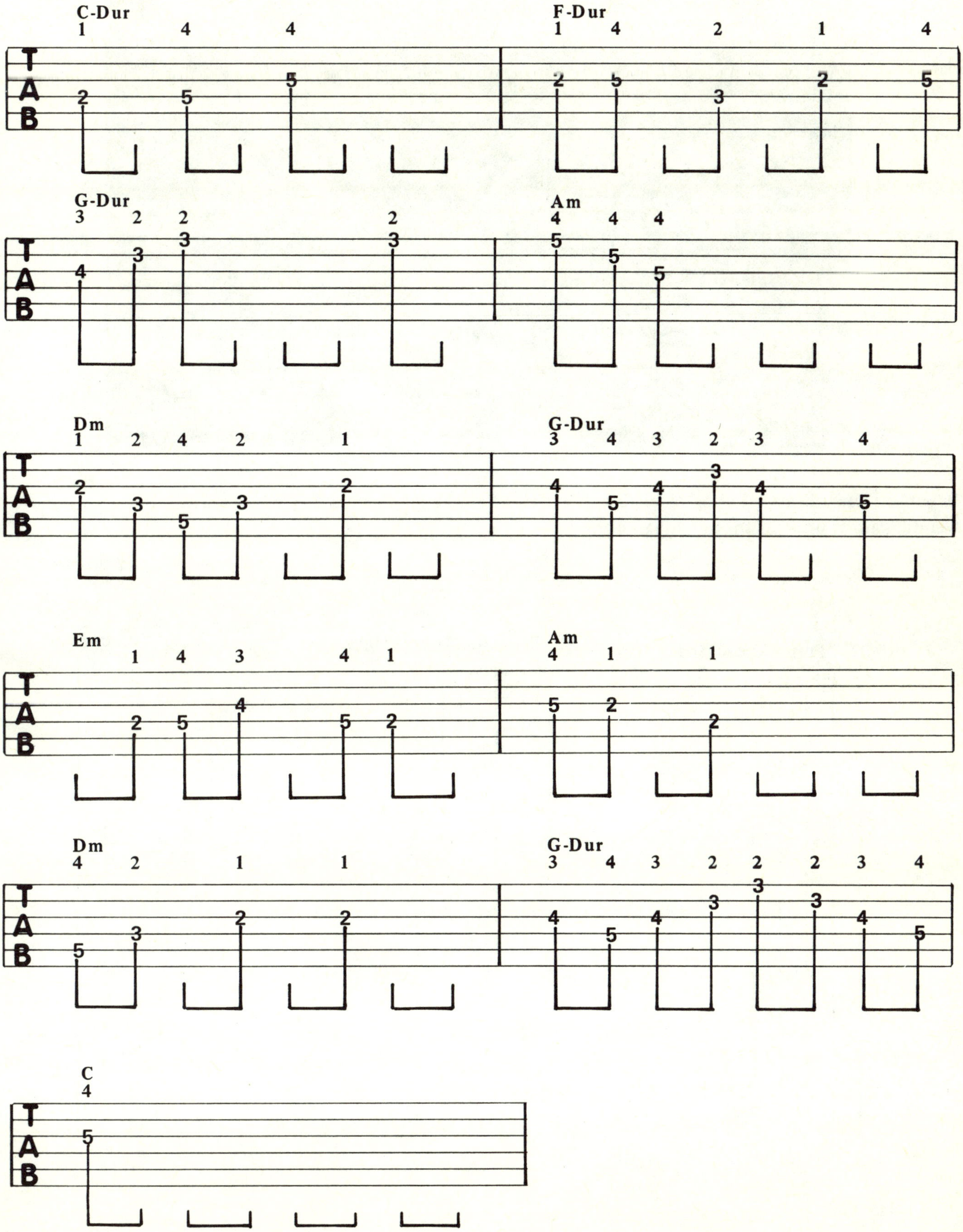

Bevor du die nächste Übung spielst, sieh dir die Schaubilder genau an, welche Töne du schon auswendig kannst und welche neu hinzu kommen.

C – Dur Akkordtöne

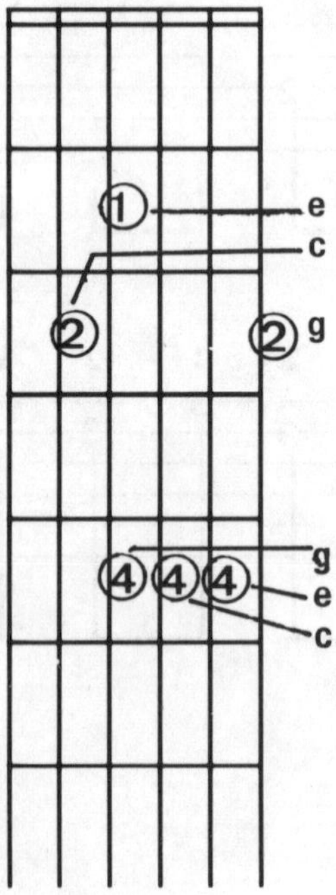

G – Dur Akkordtöne

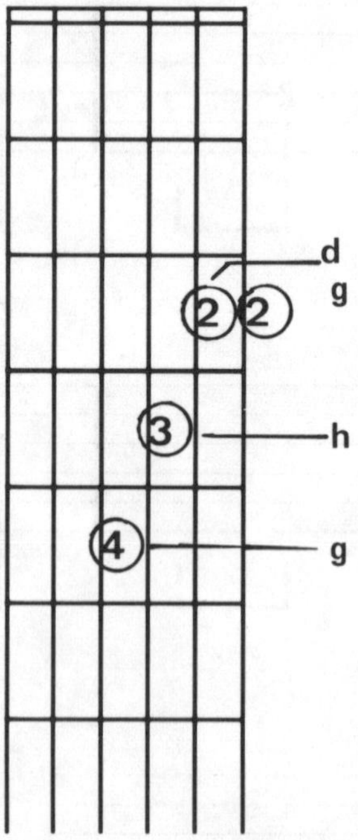

F – Dur Akkordtöne

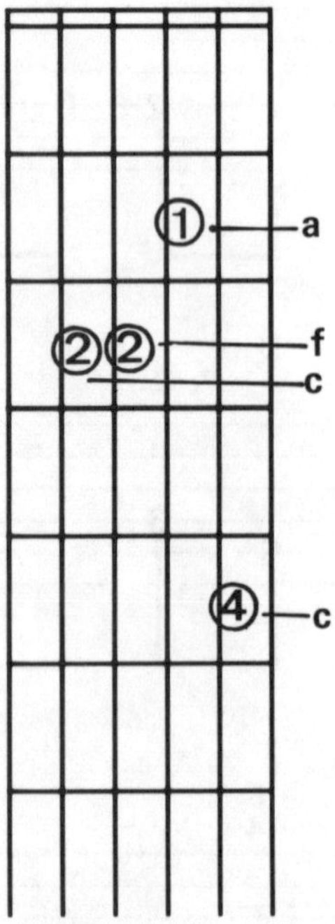

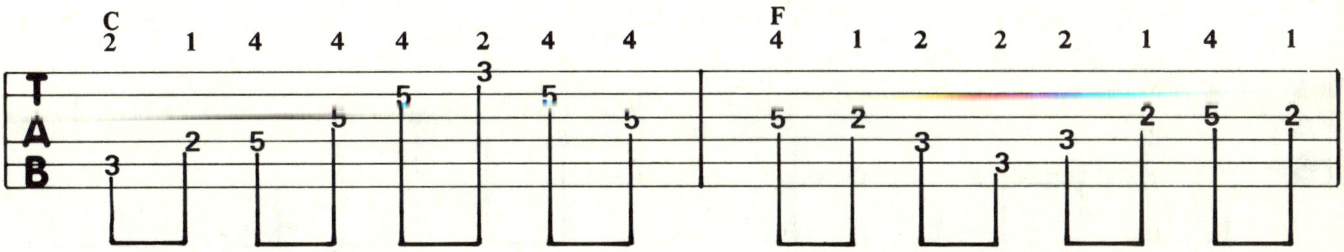

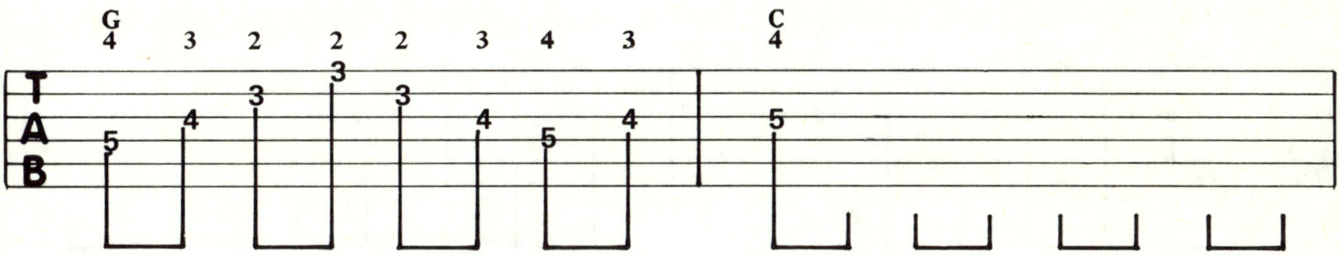

In den Schaubildern siehst du jetzt alle Akkordtöne von C, F und G in den ersten 5 Bünden.
In dem nächsten Beispiel habe ich versucht, soviel Akkordtöne wie möglich unterzubringen.

Alle C – Dur Akkordtöne in den ersten 5 Bünden

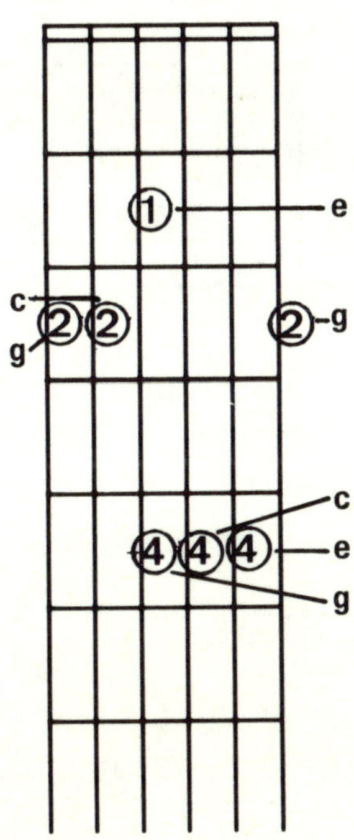

Alle F – Dur Akkordtöne in den ersten 5 Bünden

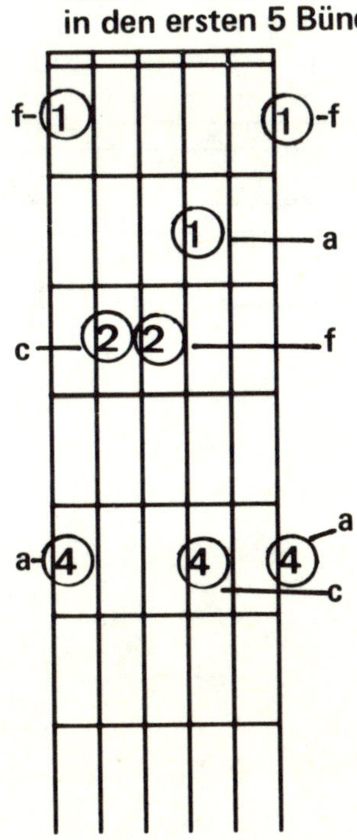

Alle G – Dur Akkordtöne in den ersten 5 Bünden

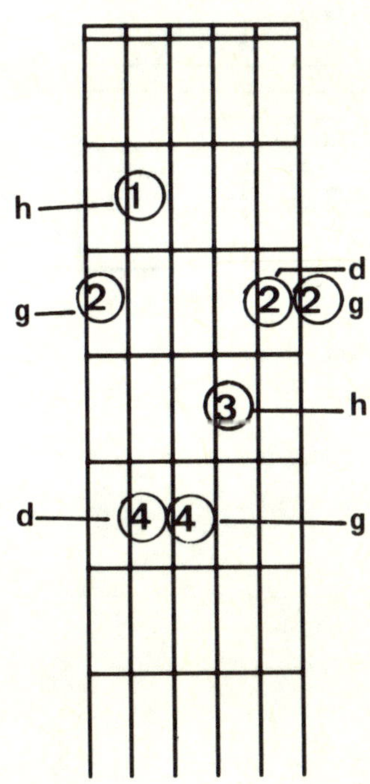

Übung mit Akkordtönen

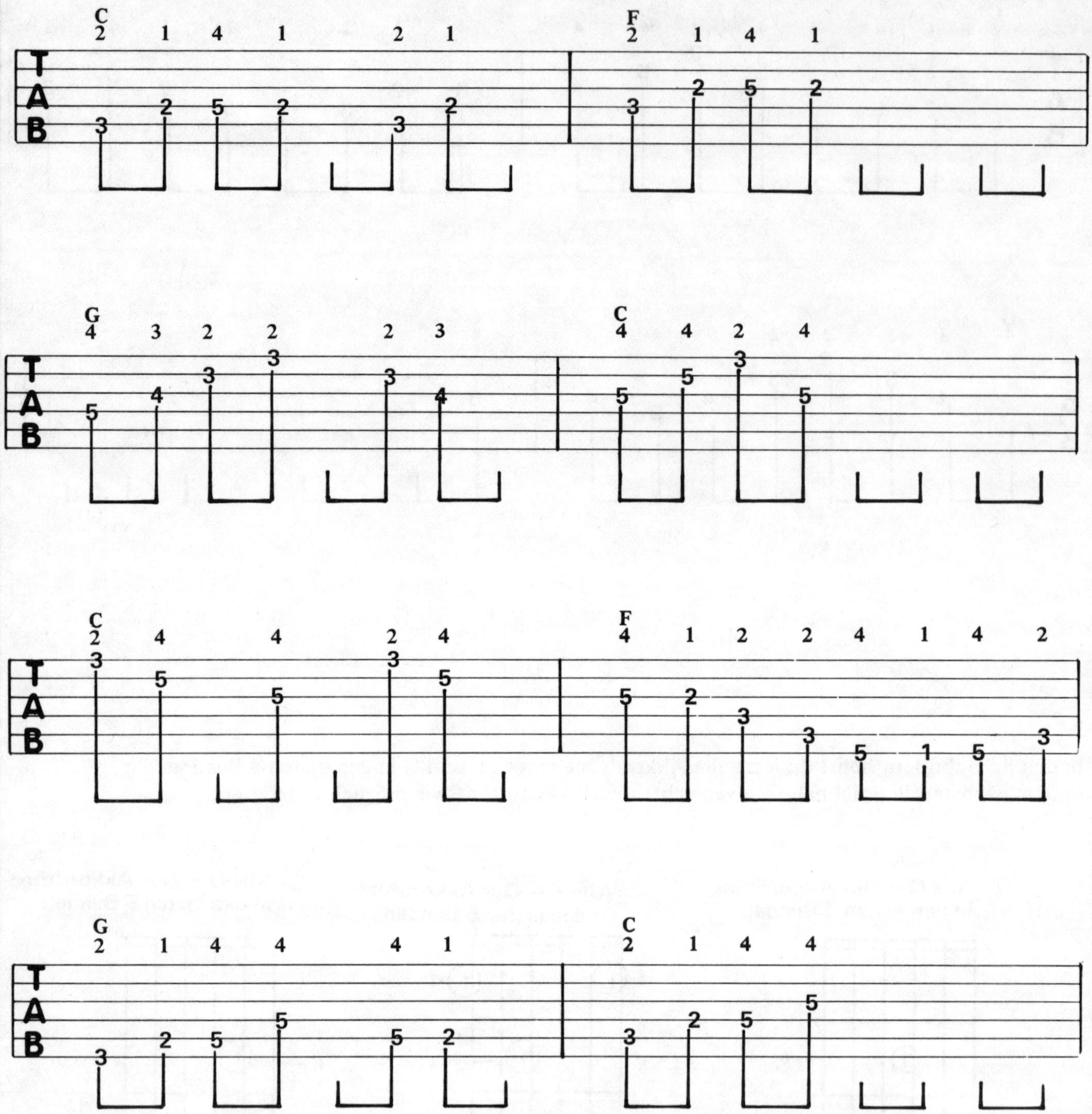

Die nächste Tabulatur ist schon eine sehr schön klingende Melodie aus Akkordtönen. Du sollstest zunächst laut mitzählen, denn es liegen sehr viele Töne auf den "und" Zählzeiten. Das ist für dich vielleicht noch etwas ungewohnt. Es ist aber eine gute Übung für dein Rhythmusgefühl. In der Lateinamerikanischen Musik sind "und" Zählzeiten sehr häufig betont. Gerade über Rhythmen aus Südamerika und der Karibik klingen solche Arpeggio-Melodien am stärksten.

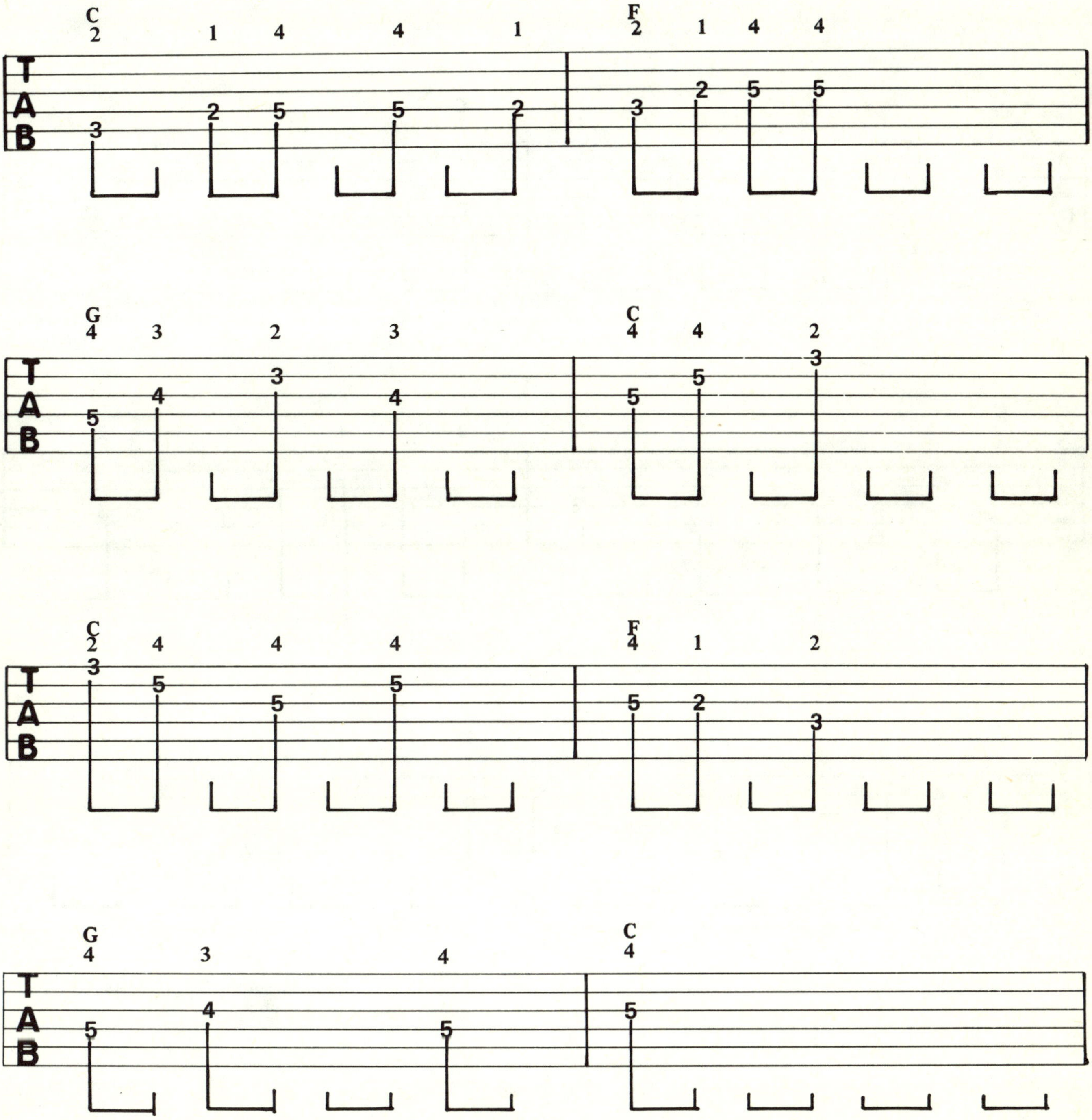

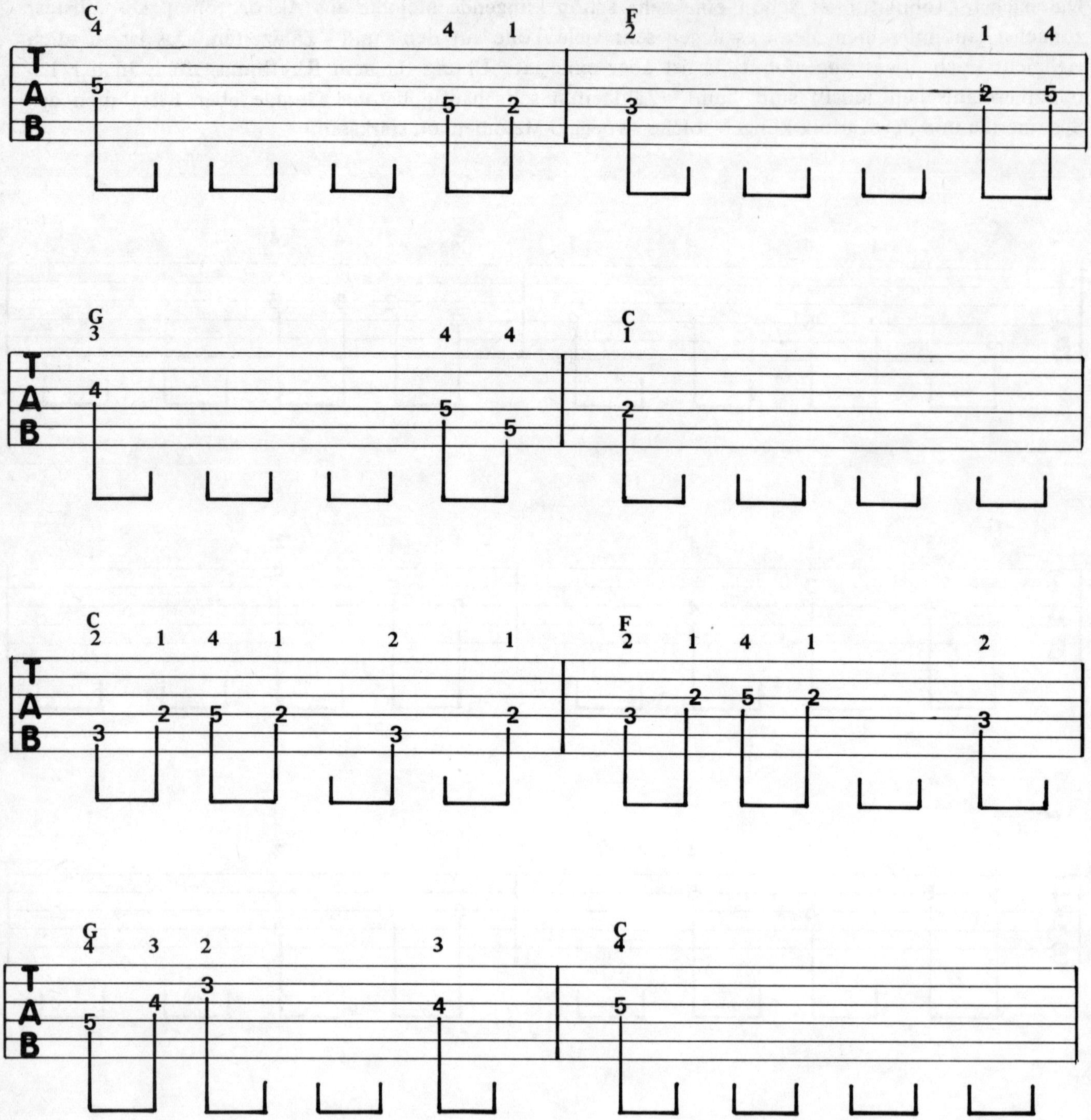

★ Take 6

Akkordtöne innerhalb der C-Dur Tonleiter 2. Lage

Im nächsten Schaubild habe ich alle Töne eingezeichnet, die du bisher kennst. Spielst du die Töne einzeln hintereinander, ergibt sich daraus die C – Dur Tonleiter. Die Tonleiter ist die Basis für das Melodiespiel und das Improvisieren. Es ist wichtig, so eine Tonleiter zu üben. Dies trainiert nicht nur die Beweglichkeit der Finger, sondern schult dein Ohr, und du lernst gleichzeitig dabei auswendig, wo die Töne liegen und wie sie heißen.
Die Tonleiter gibt dir das Material, mit dem du improvisieren kannst. Dabei mußt du die Unterscheidung von Akkordtönen und Tonleitertönen im Kopf haben. Die Akkordtöne sind die Töne der Tonleiter, die du als langstehende Töne spielen kannst. Die restlichen Töne sollten nur kurz gespielt werden.

Nun 'ran an deine erste Tonleiter!
Wenn du die Tonleiter übst, fange auf C an und höre auch auf C wieder auf. So gewöhnst du dich am besten an den Klang der C – Dur Tonleiter, mit der wir nun anfangen.
Hier hast du gleich ein Beispiel dafür, wie ein Ton aus einer Lage heraustreten kann. Alle Tonleitertöne liegen innerhalb der 2. Lage (2. – 5. Bund). Nur der Ton F im 1. Bund der tiefen und hohen E – Saite nicht. Um diese beiden Töne zu erreichen, muß sich der Zeigefinger ziemlich strecken, wie du noch merken wirst. In der Fachsprache nennt man das eine Überstreckung des Zeigefingers.

Der Fingersatz der C – Dur Tonleiter in der 2. Lage weist also auf den beiden E – Saiten eine Überstreckung des Zeigefingers auf. Um die Finger der Greifhand gut zu trainieren, verzichten wir darauf, leere Saiten zu spielen. Die 1. Lage der C – Dur Tonleiter enthält eine Reihe Töne auf den leeren Saiten, darum fangen wir direkt mit der 2. Lage an.

So sieht der Fingersatz aus.

2. Lage der C – Dur Tonleiter
(Fingersatz mit 2 Überstreckungen)

Fingersatz

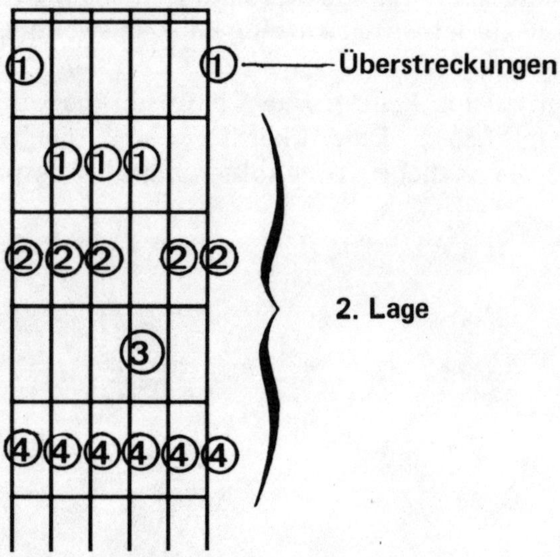

Tonbezeichnungen

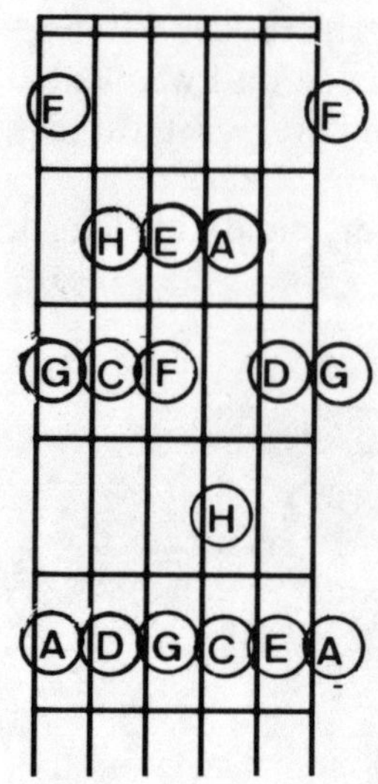

Damit du beim Tonleiter üben nicht vergißt, welches die Akkordtöne sind, habe ich sie dir in den Fingersatz der C-Dur Tonleiter schwarz eingezeichnet. Hier eine Zusammenstellung für alle Akkorde, mit denen du bisher gearbeitet hast.

Akkordtöne in der 2. Lage
der C – Dur Tonleiter

E - moll

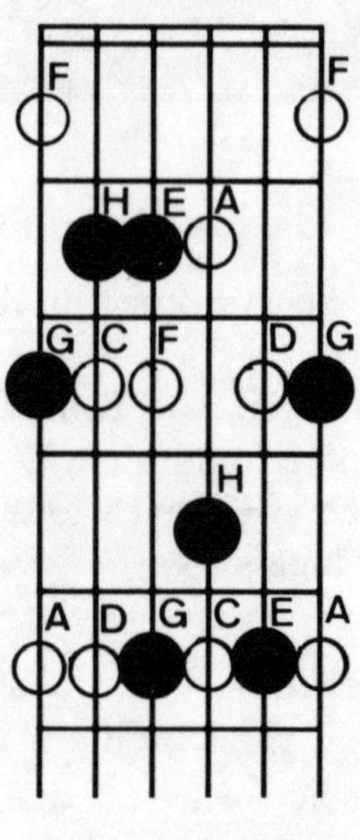

D - moll

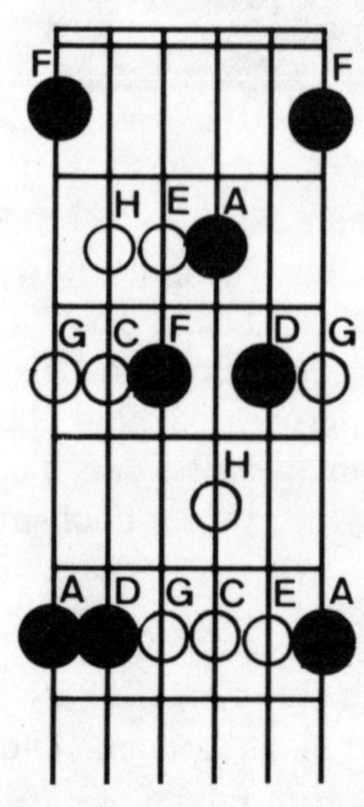

Im Trainingscamp

Mit den folgenden Tonleiterübungen verbesserst du die Treffsicherheit des Plektrums. Spiele so, daß das Plektrum regelmäßige Ab - Auf - Bewegungen macht. Also den ersten Ton mit Abwärtsbewegung anschlagen, den zweiten mit Aufwärtsbewegung, den dritten mit Abwärtsbewegung, den vierten mit Aufwärtsbewegung, den fünften mit .

C-Dur Tonleiterübung

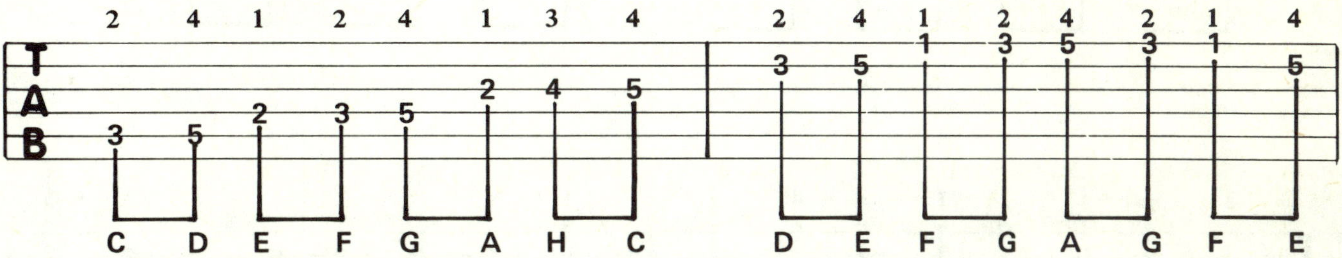

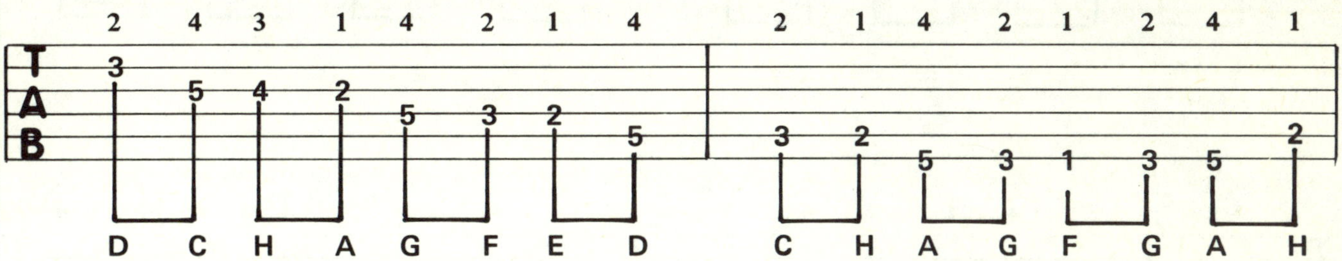

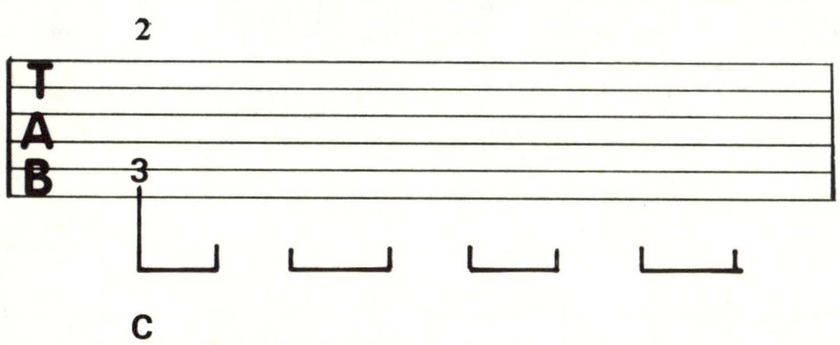

Auch wenn du dich jetzt top fit fühlst, teste dich doch nochmal mit der nächsten Tonleiterübung, wie sicher du den Fingersatz beherrschst.

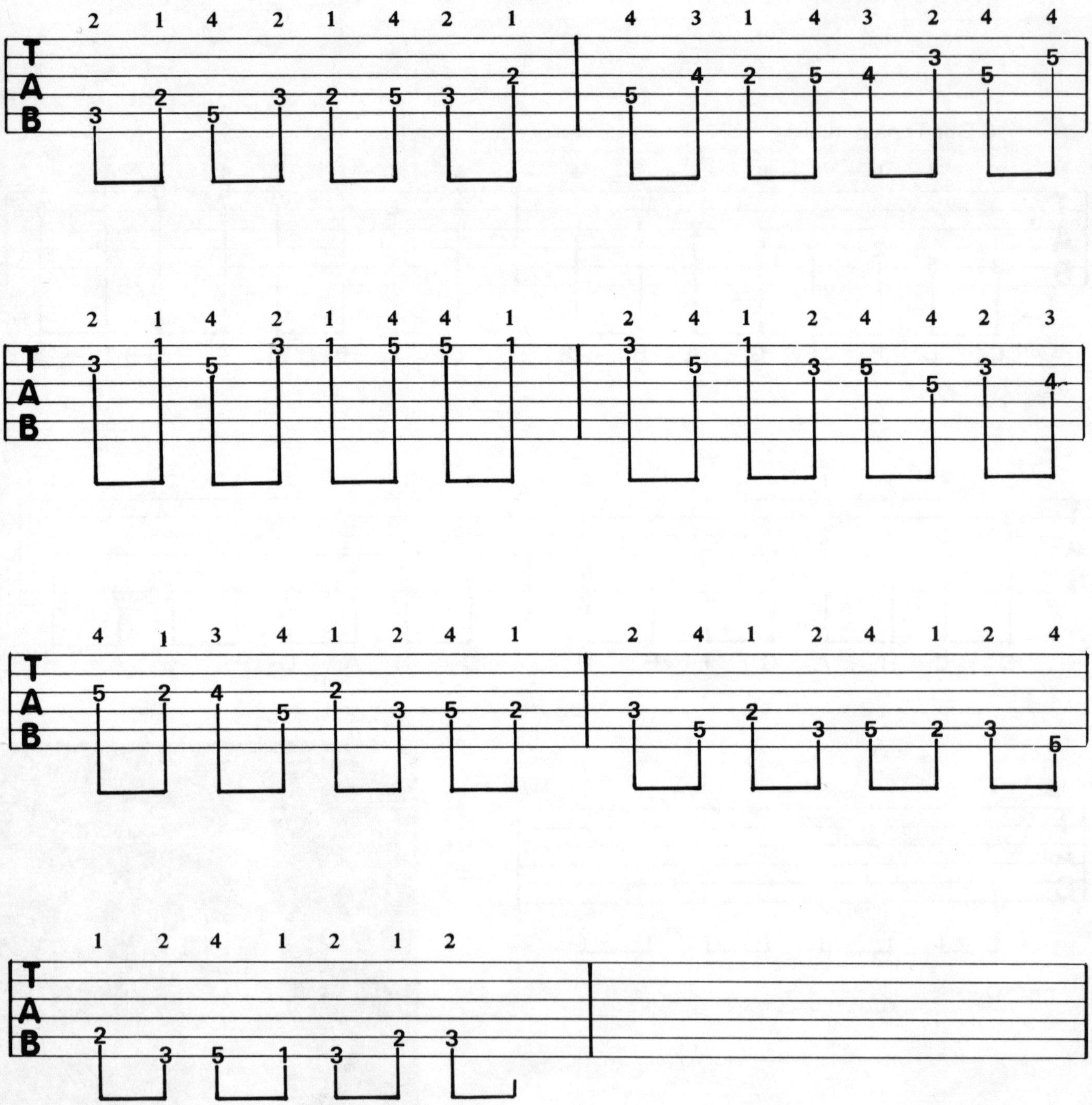

Fingertraining

Teilst du dir den Fingersatz einer Lage in Dreiergruppen von Tönen, so wirst du schneller auswendig lernen, wo die Töne liegen. Spielst du von Anfang an immer den kompletten Fingersatz durch, wirst du wahrscheinlich länger brauchen, dir die Tonleitertöne einzuprägen.

Geschwindigkeitsübung

Dreiergruppen

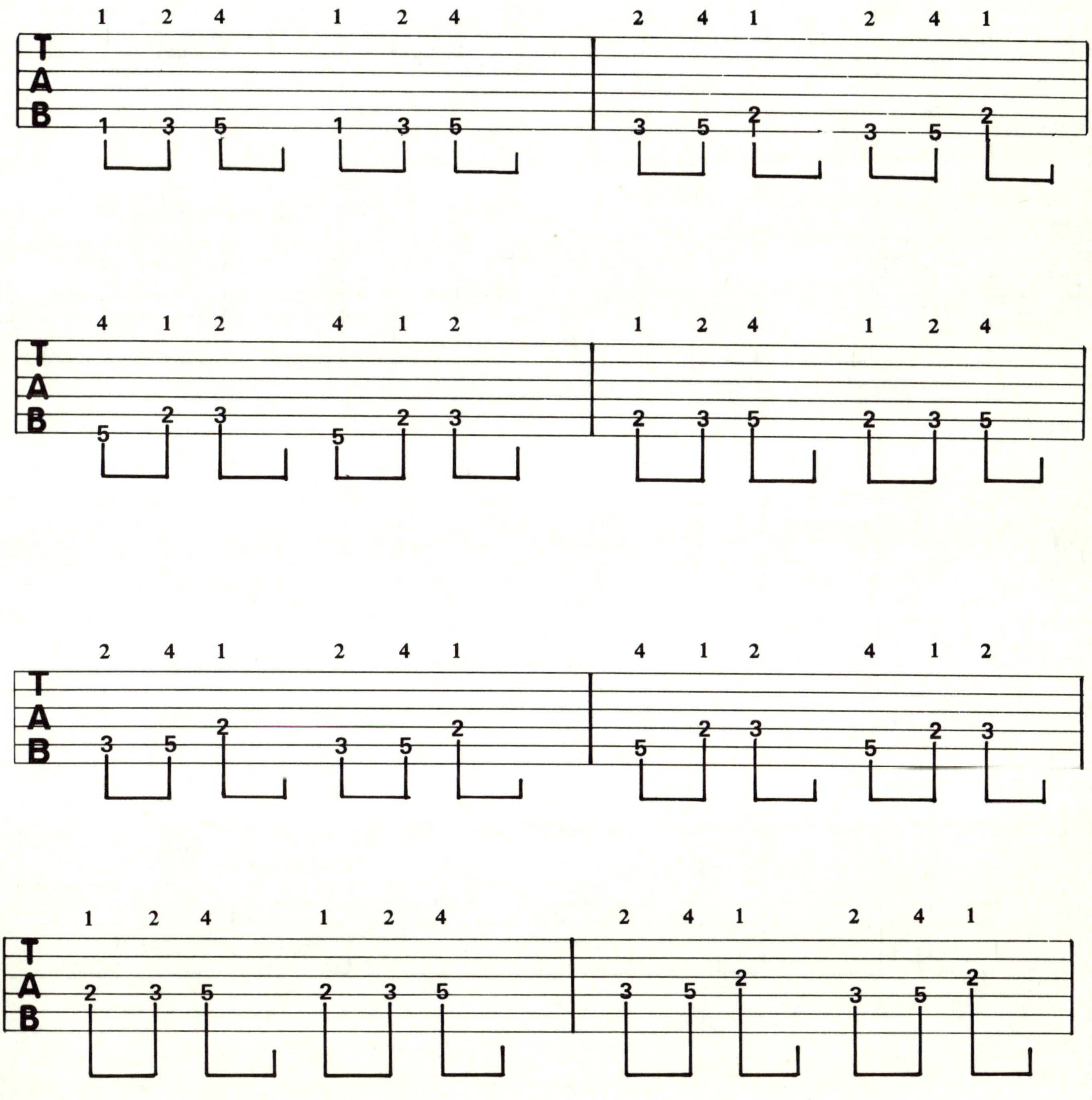

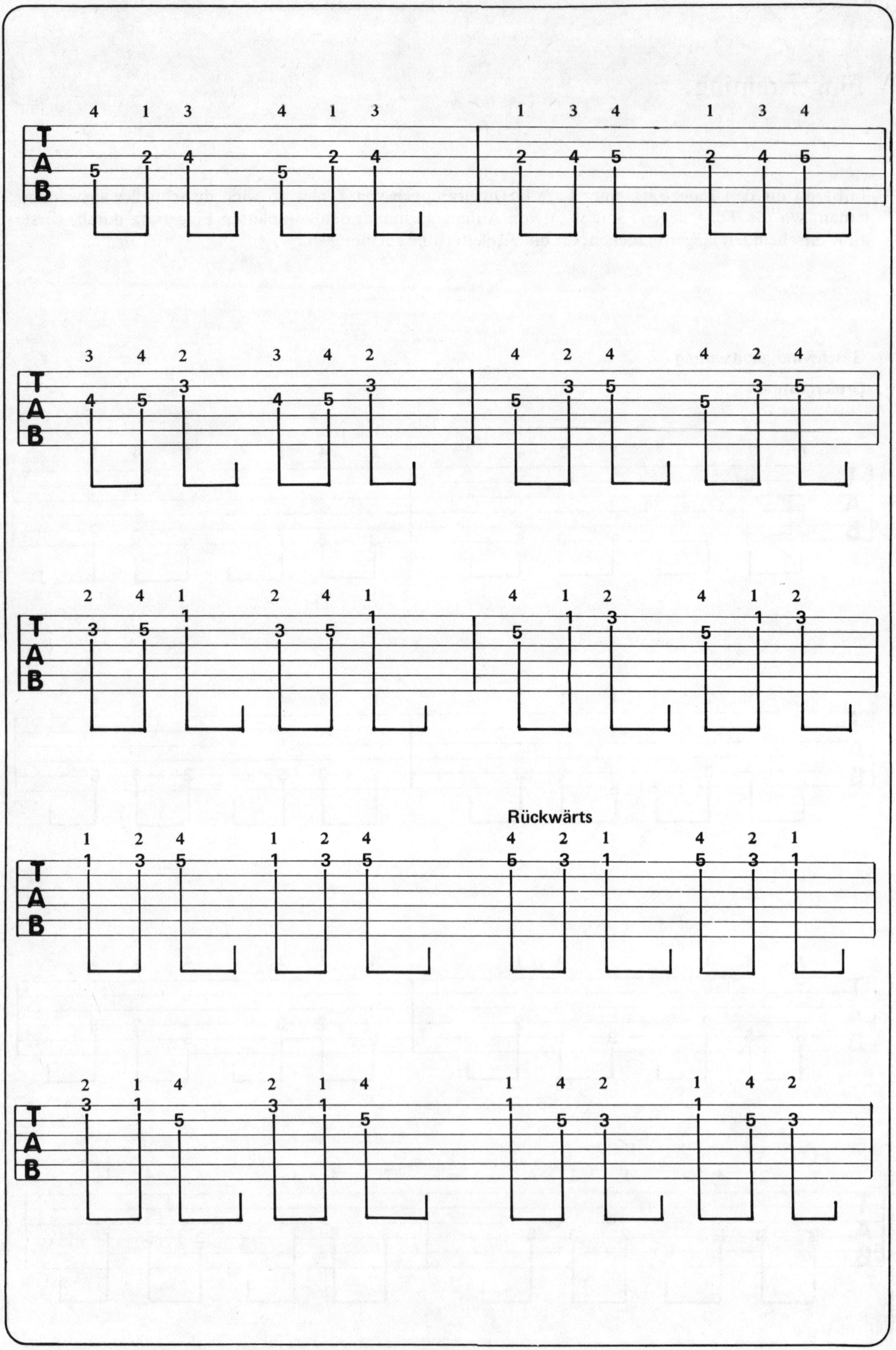
TAB
Rückwärts

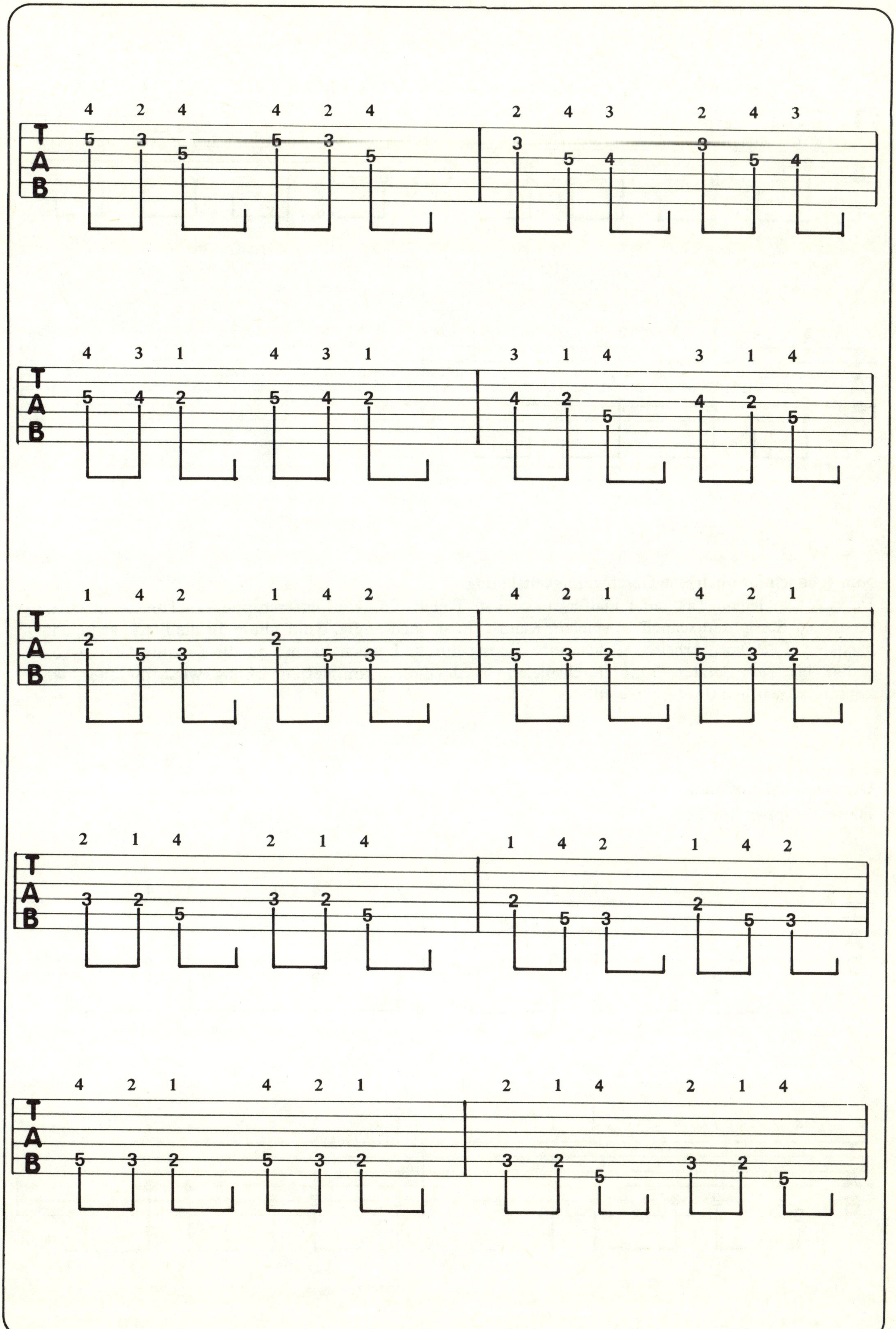

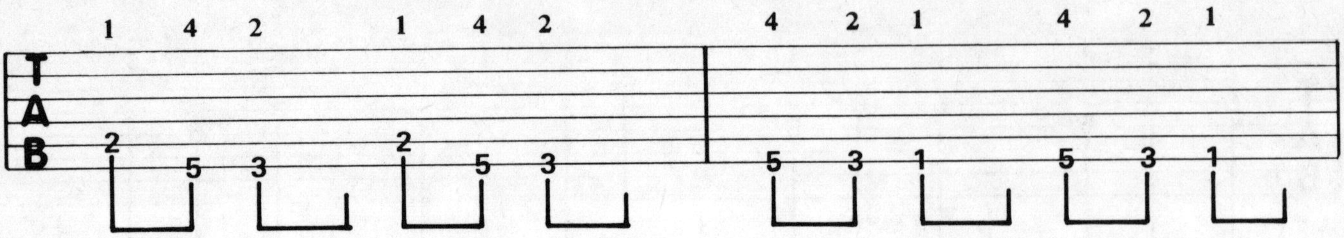

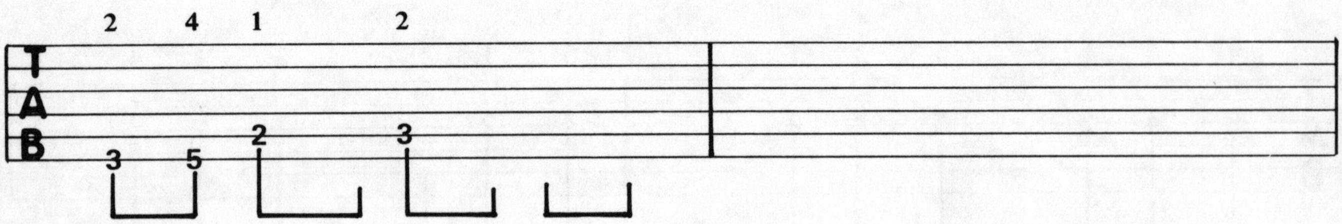

Nun gebe ich dir noch eine Geschwindigkeitsübung.
Du siehst in jedem Takt eine Fünfergruppe von Tönen. So eine Fünfergruppe von Tönen solltest du versuchen flüssig und schnell zu spielen. Kannst du sie auswendig, dann nimm dir die Fünfergruppe im nächsten Takt vor. Arbeite so die ganze Übung durch. Danach kannst du die gesamte Übung vom ersten bis zum letzten Takt durchspielen. Nach dieser kompletten Übung wirst du alles, was kommt, wesentlich flüssiger spielen.

Geschwindigkeitsübung
Fünfer Gruppen 3/4 Takt

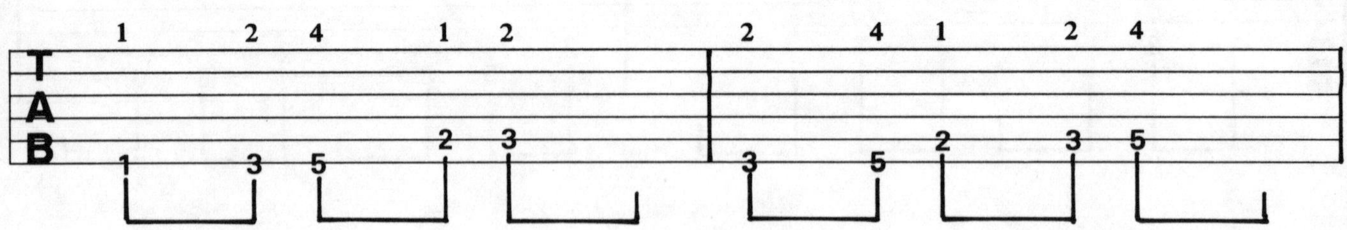

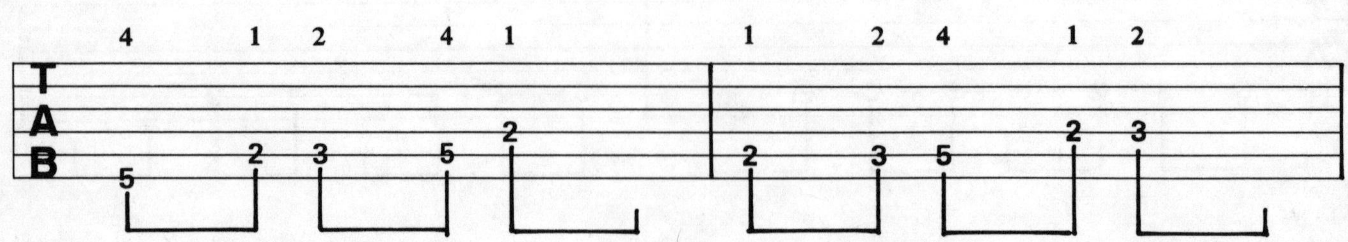

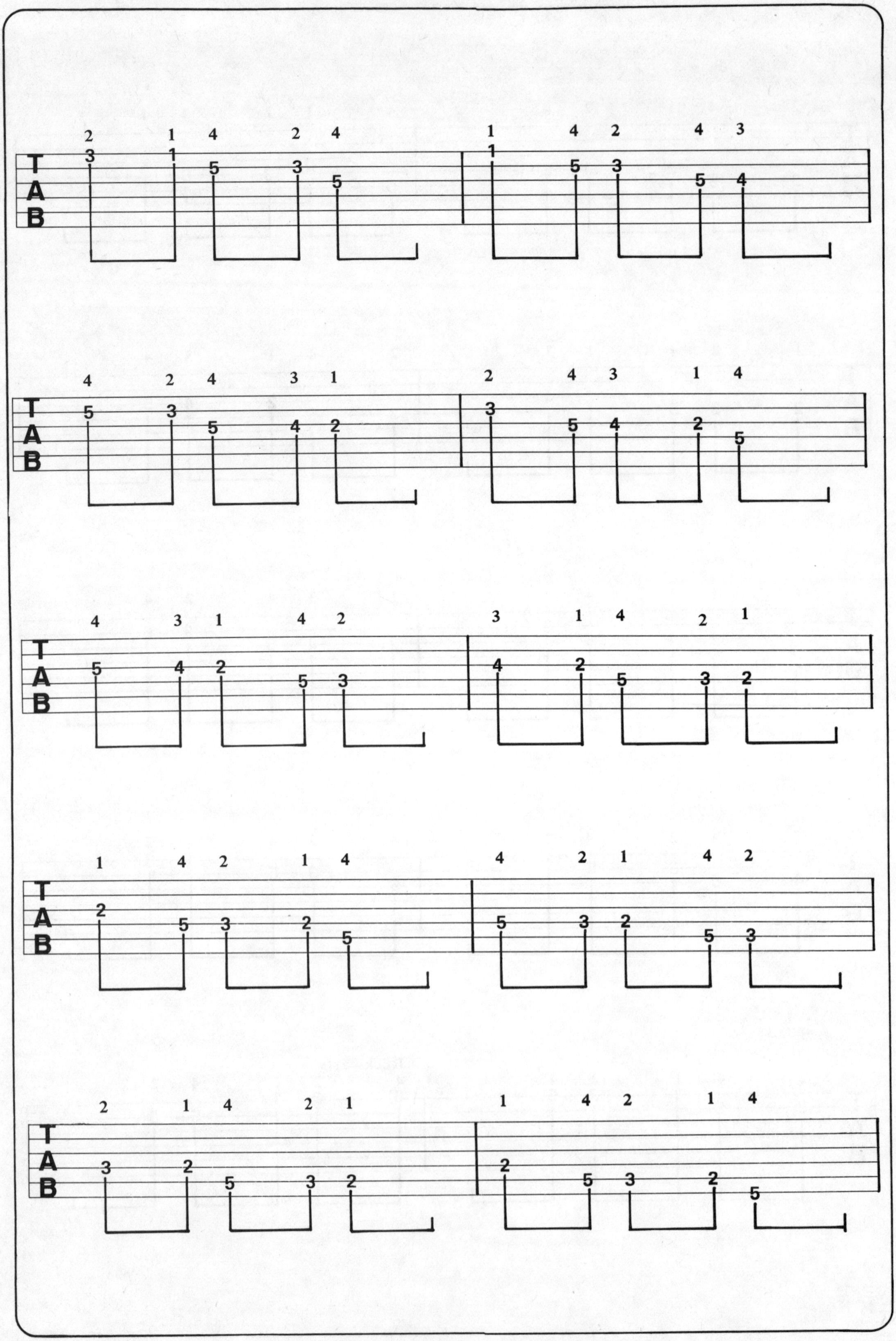
TAB
TAB
TAB
TAB
TAB

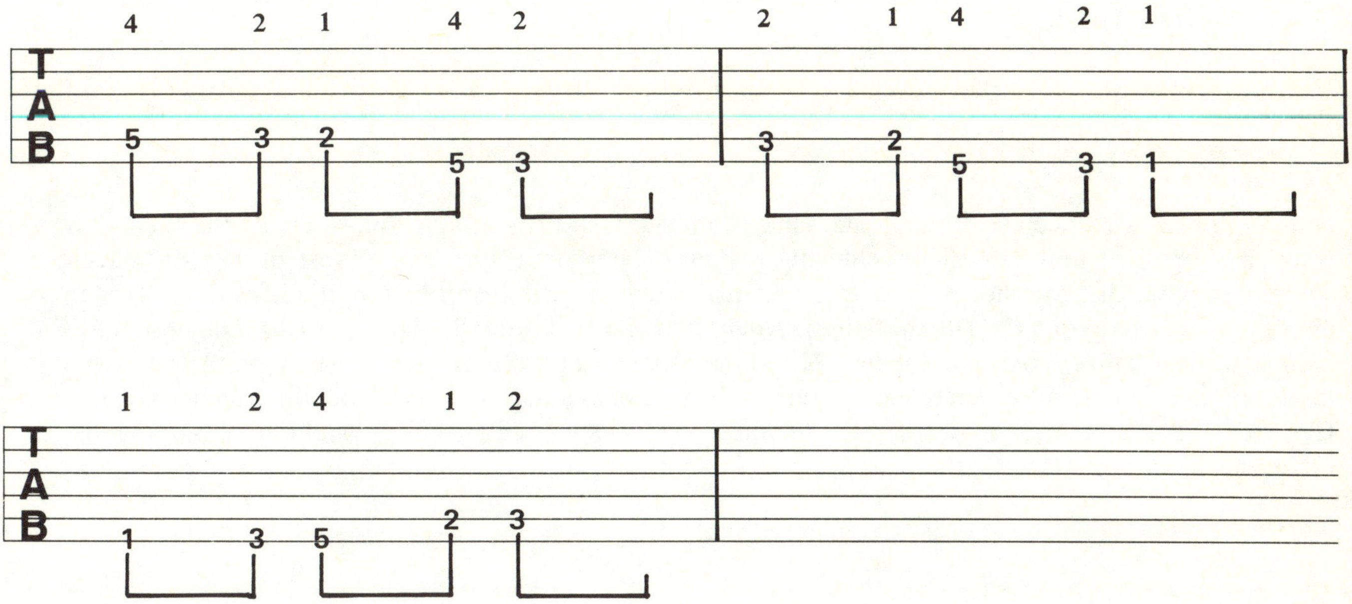

Gehörtraining

Nun kommen wir zu einer Übung, die ganz interessant ist. Als ich sie selbst zum erstenmal spielte, war ich überrascht und hab' nicht schlecht gestaunt. Man kann, und das solltest du mit der nächsten Tonleiterübung, die du schon von Seite 24 kennst, auch einmal ausprobieren, die komplette Tonleiterübung mit dem Akkord C - Dur begleiten. Auch über die Akkorde G - Dur, F - Dur, Dm, Am und Em kannst du die ganze Tonleiter spielen. Mit dieser Erfahrung verliert man schnell die Angst, viel verkehrt zu machen. Um zu verstehen, warum sich die oben genannten Akkorde alle zur Begleitung der C - Dur - Tonleiter eignen, werde ich dir auf den nächsten Seiten einige wichtige Zusammenhänge erklären.

C-Dur Tonleiterübung II zu spielen über die Akkorde

C , F , G , Am , Dm und Em

★ **Take 7**

Intervalltraining

Du hast bestimmt beim Durchspielen der Tonleiter im 1. Fingersatz gemerkt, daß manche Töne näher zusammen liegen als andere. Um die unterschiedlichen Tonabstände genau zu verstehen, mußt du wissen, wie groß der kleinste Tonabstand auf der Gitarre ist. Den kleinsten Tonabstand, also von einem Bund zum nächsten auf dem Gitarrengriffbrett, nennt man einen Halbtonschritt. Durch die Bundstäbchen ist das gesammte Griffbrett in Halbtöne eingeteilt. Willst du von einem Ton zu einem anderen gelangen, der im übernächsten Bund liegt, mußt du einen Ganztonschritt ausführen (=2 Halbtonschritte). Mit diesen Kenntnissen wirst du den Tonleiterfingersatz sicher in Ganzton- und Halbtonschritte einteilen können.

	Ganzton-schritt		Ganzton-schritt		Halbton-schritt		Ganzton-schritt		Ganzton-schritt		Ganzton-schritt		Halbton-schritt	
1		2		3		4		5		6		7		8
C		D		E		F		G		A		H		C

Nun kennst du die Tonabstände der Tonleiter, wenn wir von einem Ton zum nächsten gehen. Natürlich wird es beim Melodiespielen und Improvisieren auch vorkommen, daß du Tonsprünge machen willst, die wesentlich größer sind als die Tonabstände, die du bis jetzt kennst.

An der Tonleiter kannst du alle Tonabstände abzählen, von jedem beliebigen Ton aus. Bis du den großen Durchblick bekommst, fängst du zunächst am leichtesten, bei C, dem Anfangston der C - Dur - Tonleiter, an. Intervalle bestehen immer aus zwei Tönen, dem Bezugston und dem Intervallton. Der Bezugston ist der, von dem aus man anfängt zu zählen. Der Intervallton ist der, zu dem man hinzählt, um die Größe des Intervalls festzustellen.

Alles auf einen Blick !

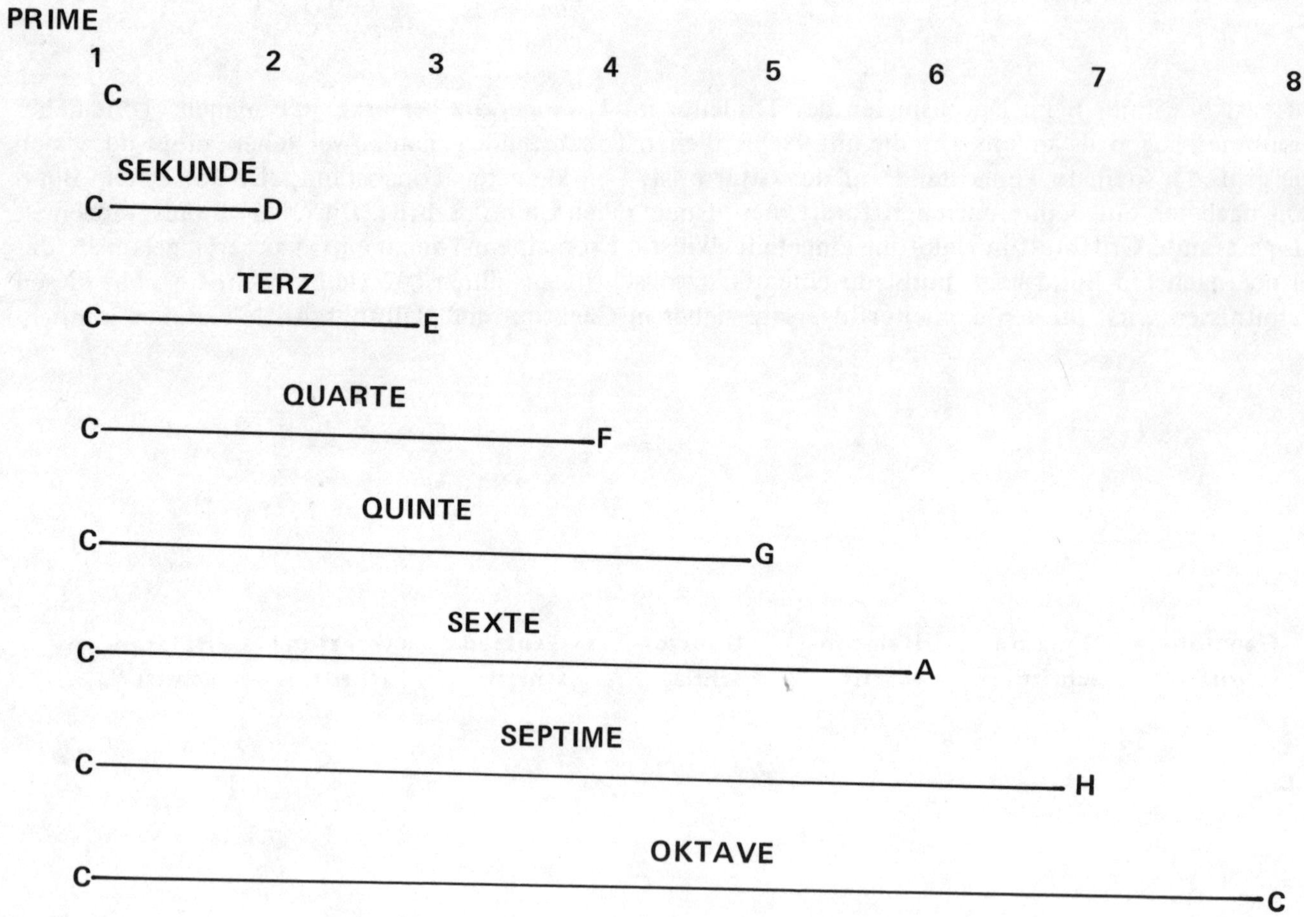

Mit den lateinischen Namen weißt du nur, der wievielte Ton vom Bezugston aus gemeint ist, aber noch nicht, wieviel Halbtonschritte er vom Bezugston entfernt ist.
Spielst du von C aus eine Sekunde die Tonleiter aufwärts, kommst du nach D. Nun von C die Tonleiter einen Ton abwärts, und du hast H. Beide Male hast du den Tonabstand einer Sekunde gespielt. Die Sekunde von C nach D war zwei Halbtonschritte groß, die Sekunde von C die Tonleiter abwärts nach H dagegen nur einen Halbtonschritt. Das Intervall Sekunde kommt also in zwei verschiedenen Grundformen vor, der kleinen Sekunde und der großen Sekunde. Das trifft auch für Terz, Sexte und Septime zu. Eine Ausnahme machen Prime, Quarte, Quinte und Oktave.
Springst du von C aus die Tonleiter eine Quarte 'rauf oder 'runter, so bleibt es die gleiche Anzahl der Halbtonschritte. Solche Intervalle nennt man "rein".

Das nächste Schaubild hilft dir die Halbtonschritte für die Intervalle abzuzählen.

Die acht Tonleiterstufen 'rauf und 'runter gezählt.

" – " = ein Halbtonschritt

8 7 6 5 4 3 2 1 2 3 4 5 6 7 8
C––D––E–F––G––A––H–C––D––E–F––G––A––H–C

←—————— C ——————→

H	**Kleine SEKUNDE**	**C**	**Große SEKUNDE**	**D**
A	**Kleine TERZ**	**C**	**Große TERZ**	**E**
G	**Reine QUARTE**	**C**	**Reine QUARTE**	**F**
F	**Reine Quinte**	**C**	**Reine QUINTE**	**G**
E	**Kleine SEXTE**	**C**	**Große SEXTE**	**A**
D	**Kleine SEPTIME**	**C**	**Große SEPTIME**	**H**
C	**Reine OKTAVE**	**C**	**Reine OKTAVE**	**C**

Unser Bezugston, von dem aus du zählen mußt, ist in dem Schaubild der Ton C.

Wenn du genau zählst, kommst du zu folgendem Ergebnis:

Reine PRIME bedeutet zweimal den gleichen Ton spielen.

Kleine	**SEKUNDE**	**=**	**1 Halbtonschritt**
Große	**SEKUNDE**	**=**	**2 Halbtonschritte**
Kleine	**TERZ**	**=**	**3 Halbtonschritte**
Große	**TERZ**	**=**	**4 Halbtonschritte**
Reine	**QUARTE**	**=**	**5 Halbtonschritte**
Reine	**QUINTE**	**=**	**7 Halbtonschritte**
Kleine	**SEXTE**	**=**	**8 Halbtonschritte**
Große	**SEXTE**	**=**	**9 Halbtonschritte**
Kleine	**SEPTIME**	**=**	**10 Halbtonschritte**
Große	**SEPTIME**	**=**	**11 Halbtonschritte**
Reine	**OKTAVE**	**=**	**12 Halbtonschritte**

Reine und große Intervalle kannst du noch um einen Halbtonschritt vergrößern, indem du den Intervallton noch einen Halbtonschritt weiter vom Bezugston wegrückst. So ein Intervall heißt dann "übermäßig". Rückst du bei einem reinen oder kleinen Intervall den Intervallton einen Halbtonschritt näher an den Bezugston heran, dann erhälst du ein vermindertes Intervall.

Versetzen kannst du einen Ton halbtonschrittweise.
Der versetzte Ton ändert seinen Namen und seinen Ort auf dem Griffbrett (einen Bund höher oder tiefer).
Der erste Buchstabe im neuen Namen sagt dir, von wo aus der Ton versetzt wird, die zwei folgenden Buchstaben zeigen dir in welche Richtung.
is = 1 Bund (Halbtonschritt) höher
es = 1 Bund (Halbtonschritt) tiefer

Ausnahmen: E wird zu Es, A wird zu As und H wird zu B.

Im Schriftbild ersetzt man die Silben "is" durch das Zeichen ♯, die Silbe "es" durch ♭.

Daraus ergibt sich folgende Tonreihe nur aus Halbtonschritten:

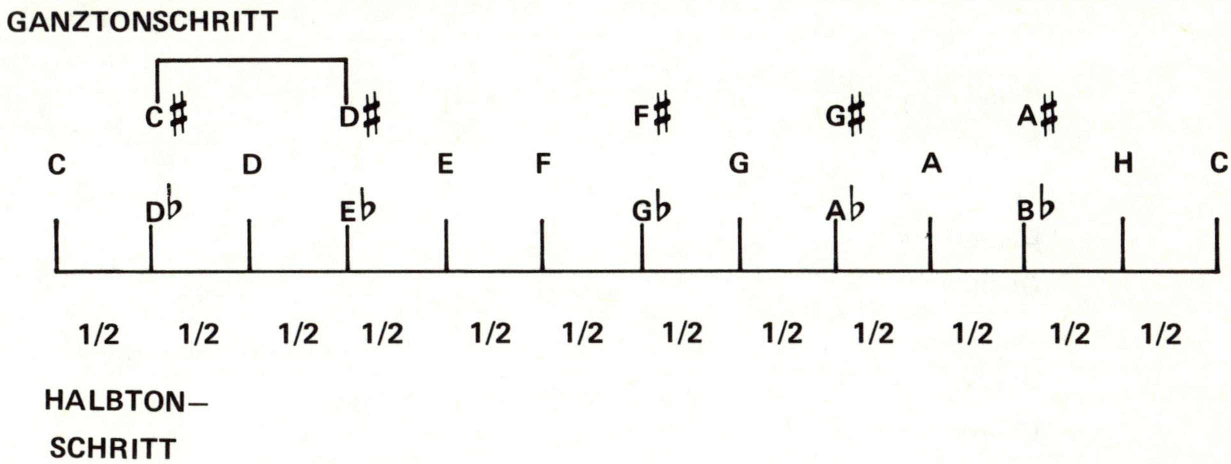

Du siehst, daß die zwei Töne, die zwischen den Stammtönen der Tonleiter liegen, genau zusammen fallen. Das bedeutet für die Gitarre, die beiden Töne liegen auf derselben Saite im selben Bund.

Hier ein praktisches Beispiel: Nimm das C im 3. Bund auf der A-Saite und versetzte es einen Halbtonschritt höher. Dann landest du im 4. Bund und hast C♯. Nun der umgekehrte Vorgang. Nimm D auf der A-Saite im 5. Bund und setze den Ton einen Halbtonschritt tiefer. Du kommst nach D♭ im 4. Bund auf der A-Saite. C♯ und D♭ liegen also an der gleichen Stelle auf dem Gitarrengriffbrett; es ist also praktisch derselbe Ton. Warum man für so einen Ton nicht nur eine Bezeichnung geprägt hat, liegt daran, daß man mit den zwei unterschiedlichen Bezeichnungen schön deutlichmachen kann, wie man einen Stammton verändert hat. Bei D♭ weißt du, hier wurde das D verändert. Bei C♯ weißt du, die Veränderung ging von C aus.

Was du jetzt über die verschiedenen Intervalle weißt, wird dir bei den Akkorden sehr hilfreich sein. Sich mit Akkorden auszukennen ist wiederum wichtig für das Melodiespiel und das Improvisieren. Die Intervalle als Bausteine der Akkorde werden bei Akkordbezeichnungen nicht mit ihrem ursprünglichen Namen bezeichnet, sondern mit einer Zahl, die nichts anderes ist als die Übersetzung des lateinischen Namens.

Prime	=	**1**
Sekunde	=	**2**
Terz	=	**3**
Quarte	=	**4**
Quinte	=	**5**
Sexte	=	**6**
Septime	=	**7**
Oktave	=	**8**

Du mußt beim Abzählen eines Intervalls unbedingt daran denken, den ersten Ton, von dem du anfängst zu zählen, auch wirklich mitzuzählen. Dann klappt alles wunderbar.

Das nächste Schaubild zeigt dir nochmals die Tonleiter in Halbtonschritte eingeteilt. Die Tonabstände bezeichnen wir jetzt mit Zahlen, wie wir es auch bei den Akkordbezeichnungen tun werden. Dieses Schaubild kannst du dir immer zu Hilfe nehmen, wenn du einen neuen Akkord aufbauen willst oder mal vergißt, wie groß ein Intervall ist, das du gerade suchst.
Damit keine Probleme aufkommen, hier zwei Beispiele, wie das Schaubild zu verstehen ist. Wir zählen wieder von unserem Bezugston C aus.

- 2 bedeutet kleine Sekunde. Das Intervall ist also nur einen Halbtonschritt.
+4 bedeutet übermäßige Quarte, also sechs Halbtonschritte.
Zahlen ohne Zusatzzeichen bedeuten reine oder große Intervalle.

Intervalle bezogen auf den Grundton C

C			**D**			**E**	**F**			**G**			**A**			**H**	**C**
	Cis	**Des**		**Dis**	**Es**			**Fis**	**Ges**		**Gis**	**As**		**Ais**	**B**		
1	**[+1]**	**-2**	**2**	**+2**	**-3**	**3**	**4**	**+4**	**-5**	**5**	**+5**	**-6**	**6**	**[+6]**	**-7**	**maj7**	**8**
8	**[+8]**	**-9**	**9**	**+9**	**-10**	**10**	**11**	**+11**	**[-12]**	**[12]**	**[+12]**	**-13**	**Rest ungebräuchlich**				

Intervalle in den eckigen Klammern sehr selten.

Dieses Schema soll dich nicht abschrecken. Wenn du es verstanden hast, wird es logisch und übersichtlich.

In der obersten Reihe von links nach rechts kannst du die Stammtonleiter lesen.
Nimmst du die zweite Reihe dazu, ist die ganze Tonleiter in Halbtonschritte eingeteilt.
Die dritte Reihe zeigt dir den Tonabstand in Form von Zahlen wie man sie zu Akkordbezeichnungen verwendet. In unserem Schema werden alle Intervalle von C aus abgezählt. Darum steht unter dem C eine 1.

Beispiel: Unter Dis steht eine +2. Das bedeutet, der Ton Dis ist die übermäßige Sekunde von C aus gesehen. Der Ton ist einen Halbtonschritt weiter von C entfernt als D, unter dem nur eine 2 steht, was soviel heißt wie große Sekunde. Das + vor einer Zahl bedeutet also einen Halbtonschritt mehr vom Bezugston entfernt als der Ton, der nur eine Zahl ohne Vorzeichen hat. Logischerweise heißt dann -2 einen Halbtonschritt weniger vom Bezugston entfernt als 2. Außerdem kannst du dem Schema entnehmen, daß z. B. Dis und Es derselbe Ton sein muß; denn zwischen D und E gibt es nur einen Ton. Daß unter Dis +2 steht und unter Es -3, darf dich nicht irritieren. Zählst du die Halbtonschritte von +2 (übermäßige Sekunde) und -3 (kleine Terz), mußt du auf diegleiche Anzahl von Halbtonschritten kommen. In dem Schema steckt eine überzeugende Logik. Unter dem ersten Schema steht noch eine zweite Reihe von Intervallangaben, die bei 8 anfangen. Dieser Ton ist der Anfangston der nächst höheren C-Dur-Tonleiter. Oft werden Intervalle benutzt, die über den Bereich einer Tonleiter hinausgehen. Die Intervalle in den eckigen Klammern sind sehr ungebräuchlich.

Nun kannst du selbst Akkorde aufbauen. Einfache Akkorddreiklänge (drei Töne klingen gleichzeitig) werden in den Songbüchern oder anderer Musikliteratur nur mit Buchstaben bezeichnet und einem Beiwort Dur oder Moll. Genauere Bezeichnungen bei Akkorddreiklängen sind nicht nötig, da alle Dur-Dreiklänge nach dem gleichen Bauplan konstruiert werden. Auch die Moll-Akkorddreiklänge haben alle die gleichen Intervalle gemeinsam.
Welche es sind, mußt du halt auswendig lernen.
Ein Dur-Akkorddreiklang besteht aus einer "großen Terz" und einer "reinen Quinte".

Beispiel: C - Dur **Von C vier Halbtonschritte (große Terz) und du erreichst E.**
Von C sieben Halbtonschritte (reine Quinte) und du landest bei G.
Der C - Dur - Akkorddreiklang heißt: C E G.

Ein Moll-Akkorddreiklang besteht aus einer "kleinen Terz" und einer "reinen Quinte".

Beispiel: A - Moll **Von A eine kleine Terz (drei Halbtonschritte) weiter ist C.**
Von A im Tonabstand einer reinen Quinte (sieben Halbtonschritte) liegt E.
Der A - Moll - Dreiklang heißt: A C E.

Ein Akkord wird nach dem Ton bezeichnet, von dem aus du die Intervalle abzählst.

Das folgende Schaubild zeigt dir, daß man von jedem Ton der Tonleiter aus einen Akkord-Dreiklang aufbauen kann. Ich habe als Beispiel die C - Dur - Tonleiter gewählt. Aufgrund der natürlichen Halbtonschritte von der 3. zur 4. Stufe und von der 7. zur 8. Stufe der Tonleiter, wirst du mal große Terzen (4 Halbtonschritte) und mal kleine Terzen (3 Halbtonschritte) bekommen, die darüber entscheiden, ob ein Akkord nach Dur also fröhlich (große Terz) oder Moll, das heißt traurig (kleine Terz) klingt. Leider gibt es auch eine Ausnahme. Auf der 7. Stufe der Tonleiter können wir weder einen Dur- noch einen Moll-Dreiklang, wie ich sie dir bisher erklärt habe, aufbauen. Beispiel: Von H eine Terz weiter, und wir kommen nach D. Eine ganz normale kleine Terz, die aus 3 Halbtonschritten besteht. Nun noch eine Quinte von H aus. Wir landen bei F. Zählst du nun die Halbtonschritte, wirst du feststellen, daß es nur 6 sind, d.h. ein Halbton weniger als bei der reinen Quinte, die ja 7 Halbtonschritte hat. Wir bringen es in dem geschilderten Fall von H aus nur auf eine verminderte Quinte. So ein Dreiklang wird ein verminderter Molldreiklang genannt. Der wird uns in jeder Dur - Tonleiter auf der 7.Stufe begegnen.

Akkorde der C - Dur - Tonleiter

G	A	H	C	D	E	F	G
E	F	G	A	H	C	D	E
C	D	E	F	G	A	H	C
C-Dur	D-Moll	E-Moll	F-Dur	G-Dur	A-Moll	Hm^{-5}	C-Dur

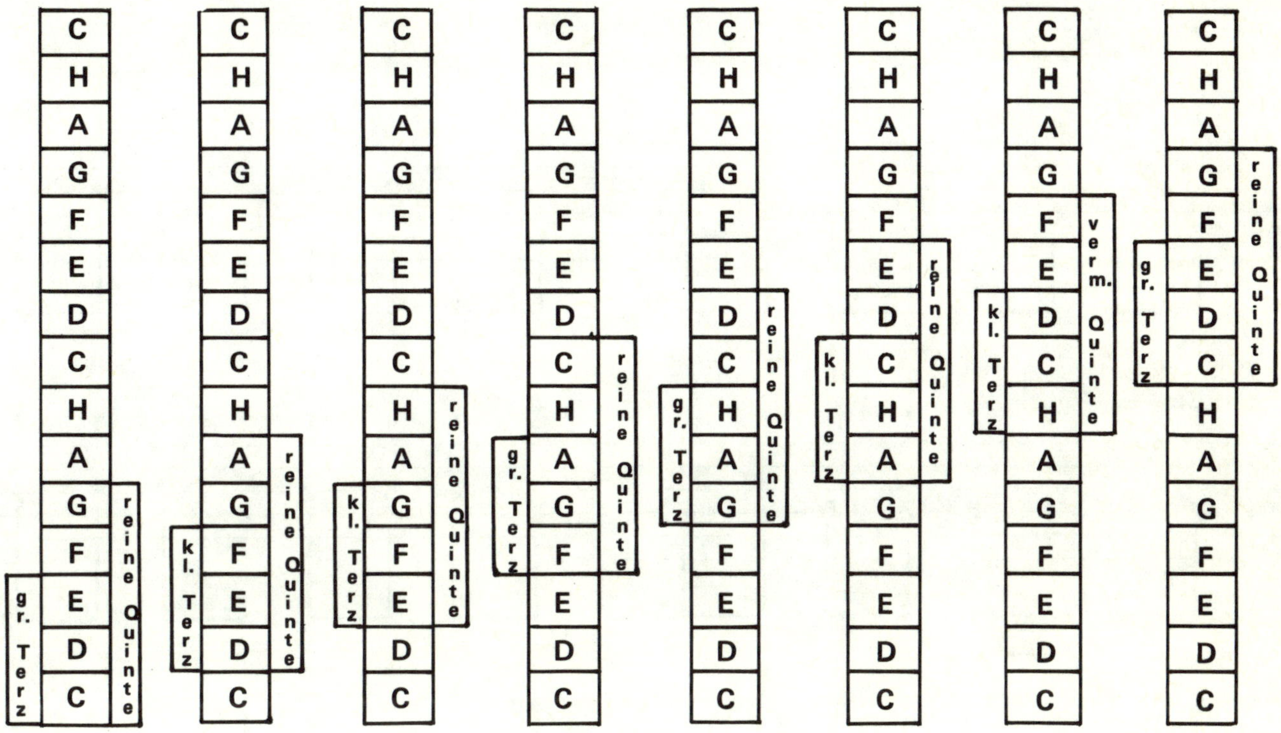

Wir wollen jetzt in die Praxis umsetzen, was wir in der Theorie gelernt haben. Wir haben auf jeden Ton der Tonleiter einen Akkord aufgebaut. Über diese Akkordfolge spielen wir nun mit Einzelakkordtönen. Spiel die folgenden Tabulaturen durch, und du wirst staunen, wie super das klingt.

Übung über alle Tonleiter - Akkorddreiklänge

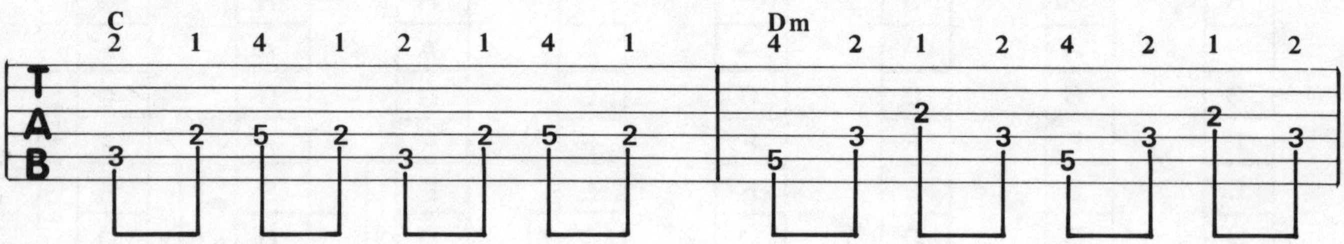

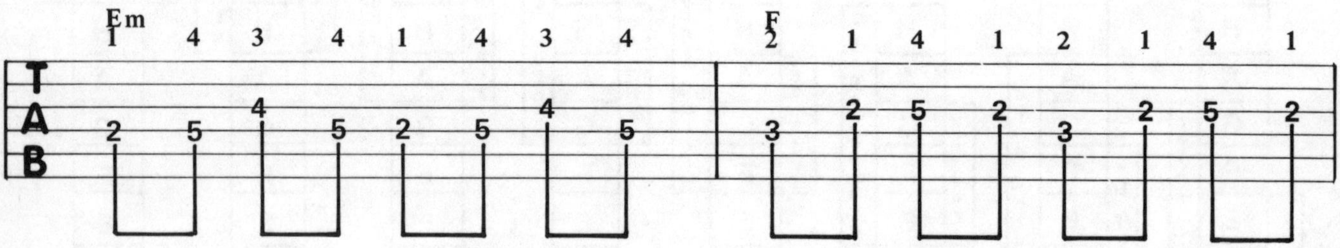

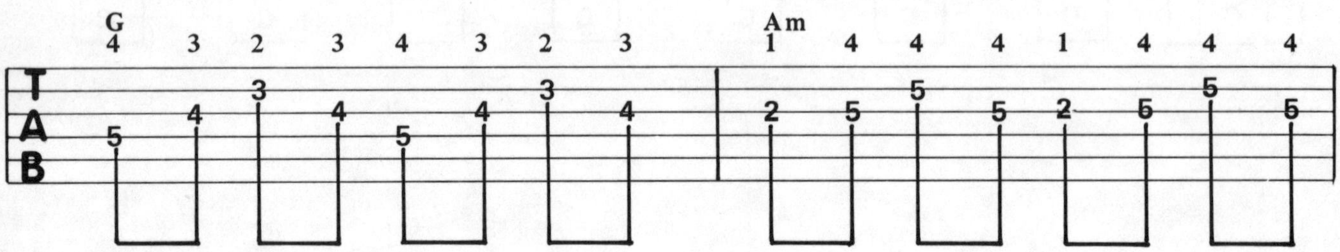

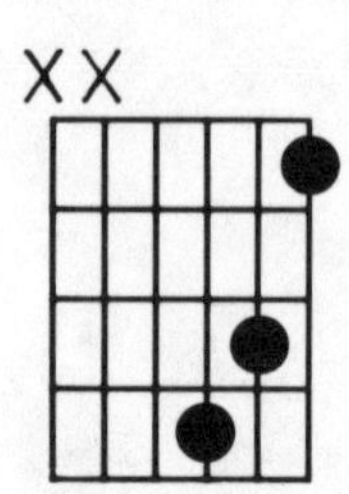

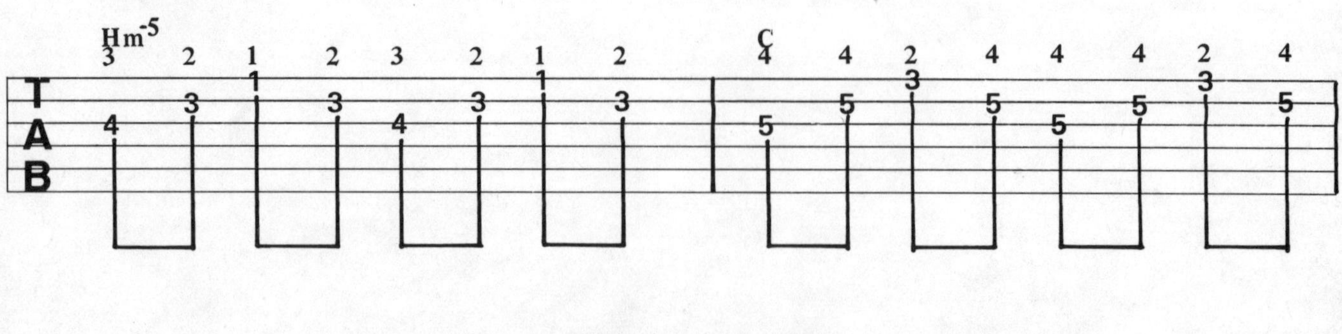

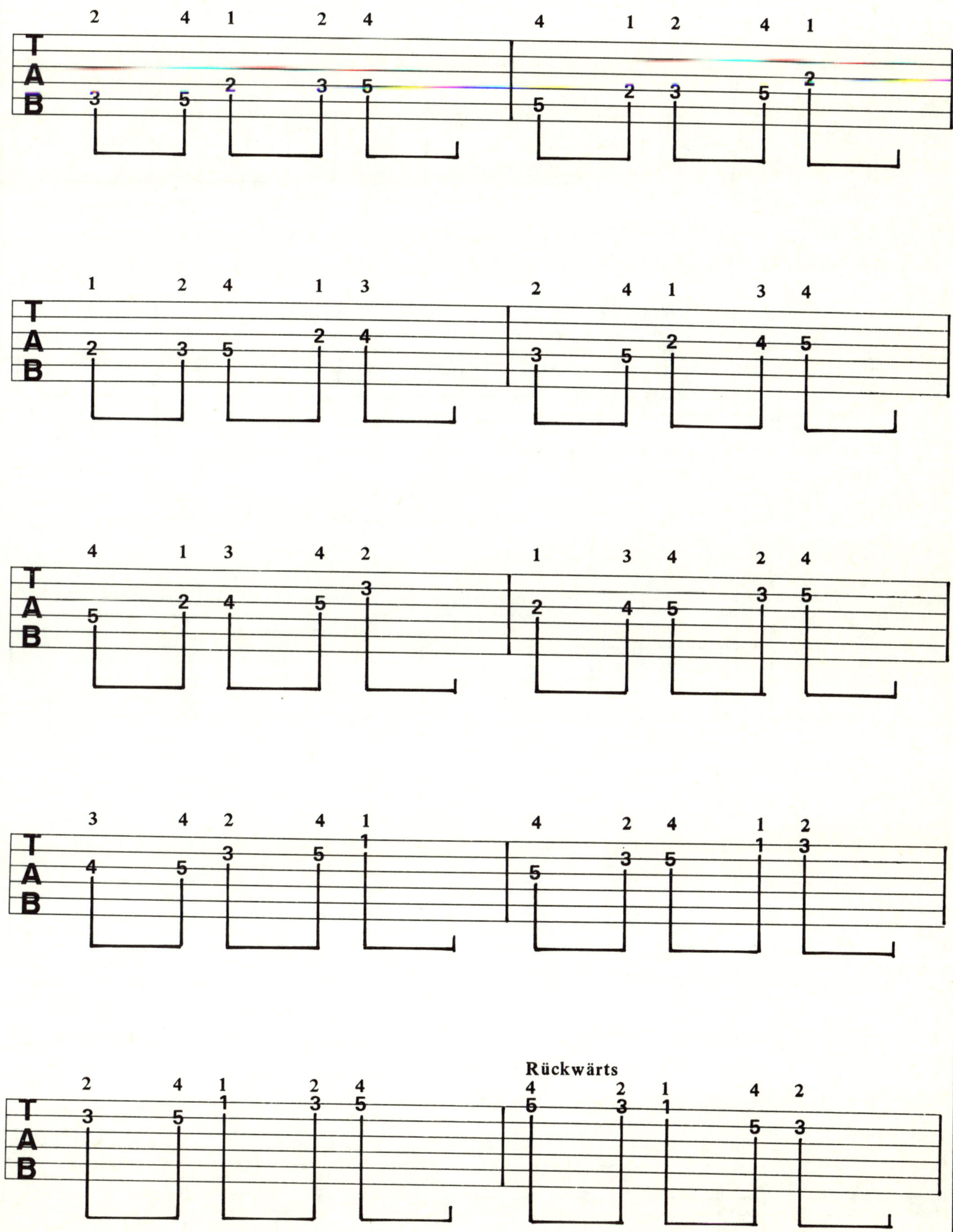
Rückwärts

Ich habe die folgende festgelegte Melodie untersucht, um dir zu zeigen, mit welchen Intervallen der Komponist gearbeitet hat. Dabei wird dir auffallen, daß alle langstehenden Töne Akkordtöne sind.

Welches Intervall ist vom Grundton des jeweiligen Akkordes aus verwendet worden?

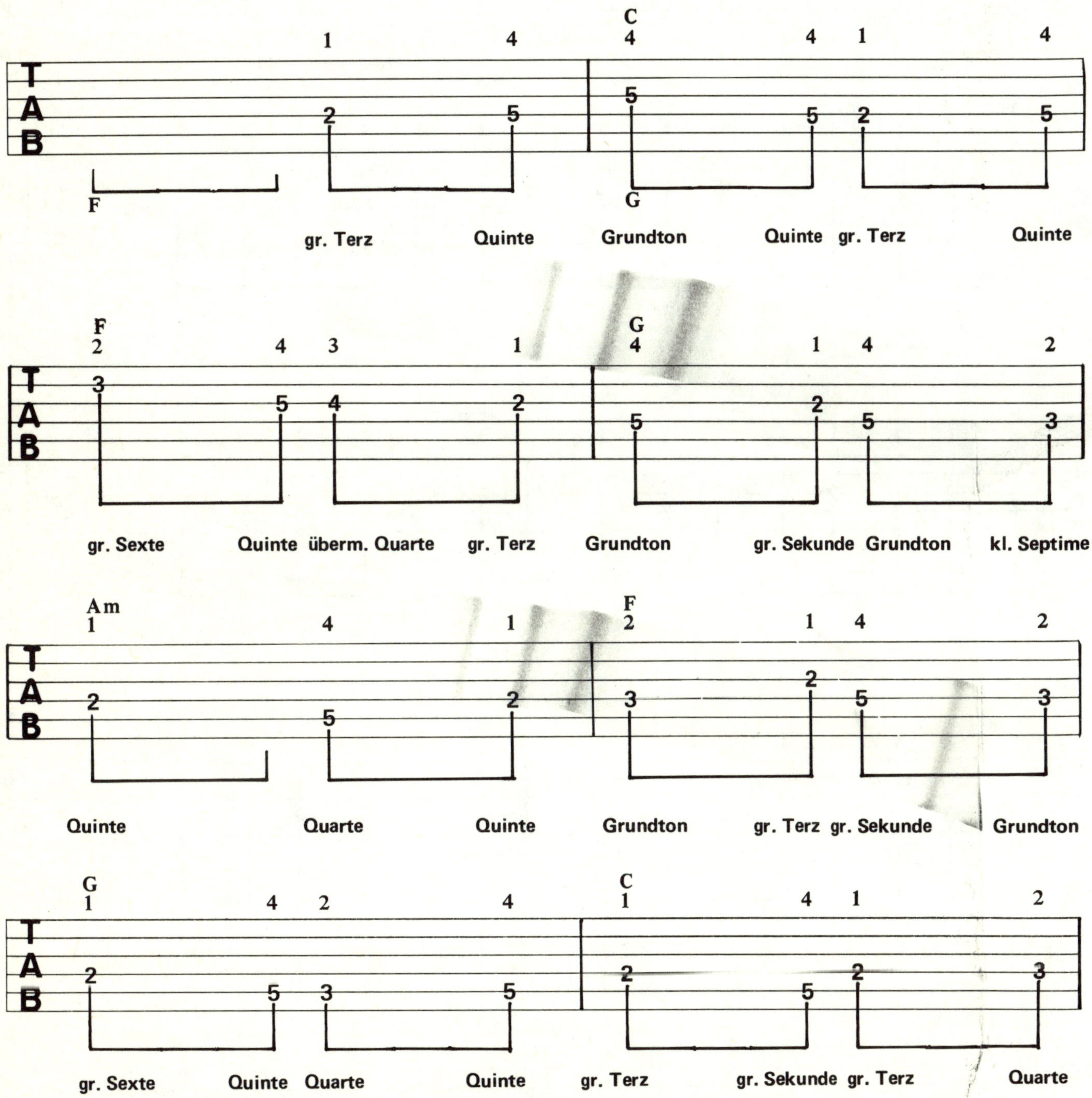

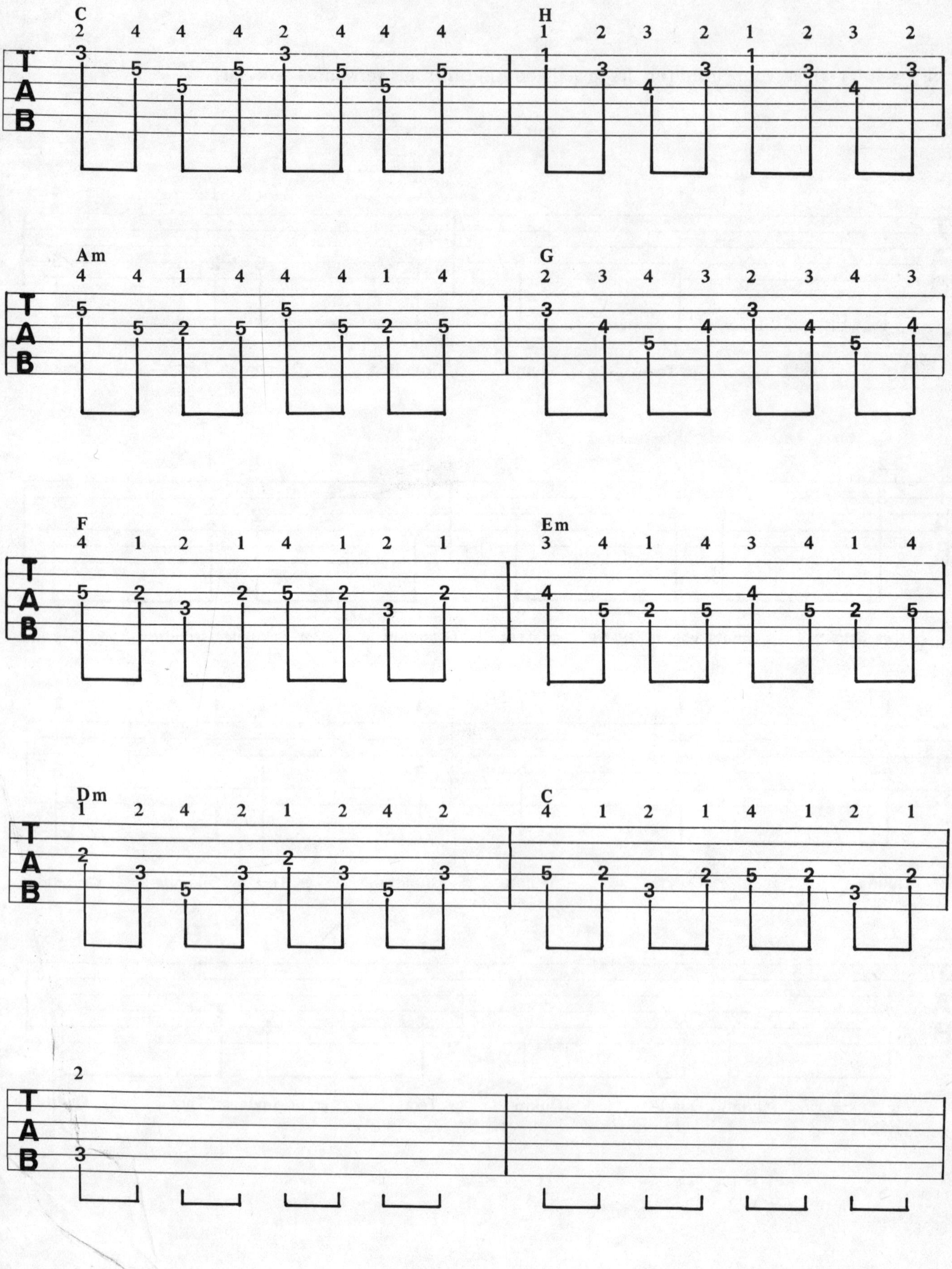
C
H
Am
G
F
Em
Dm
C
TAB

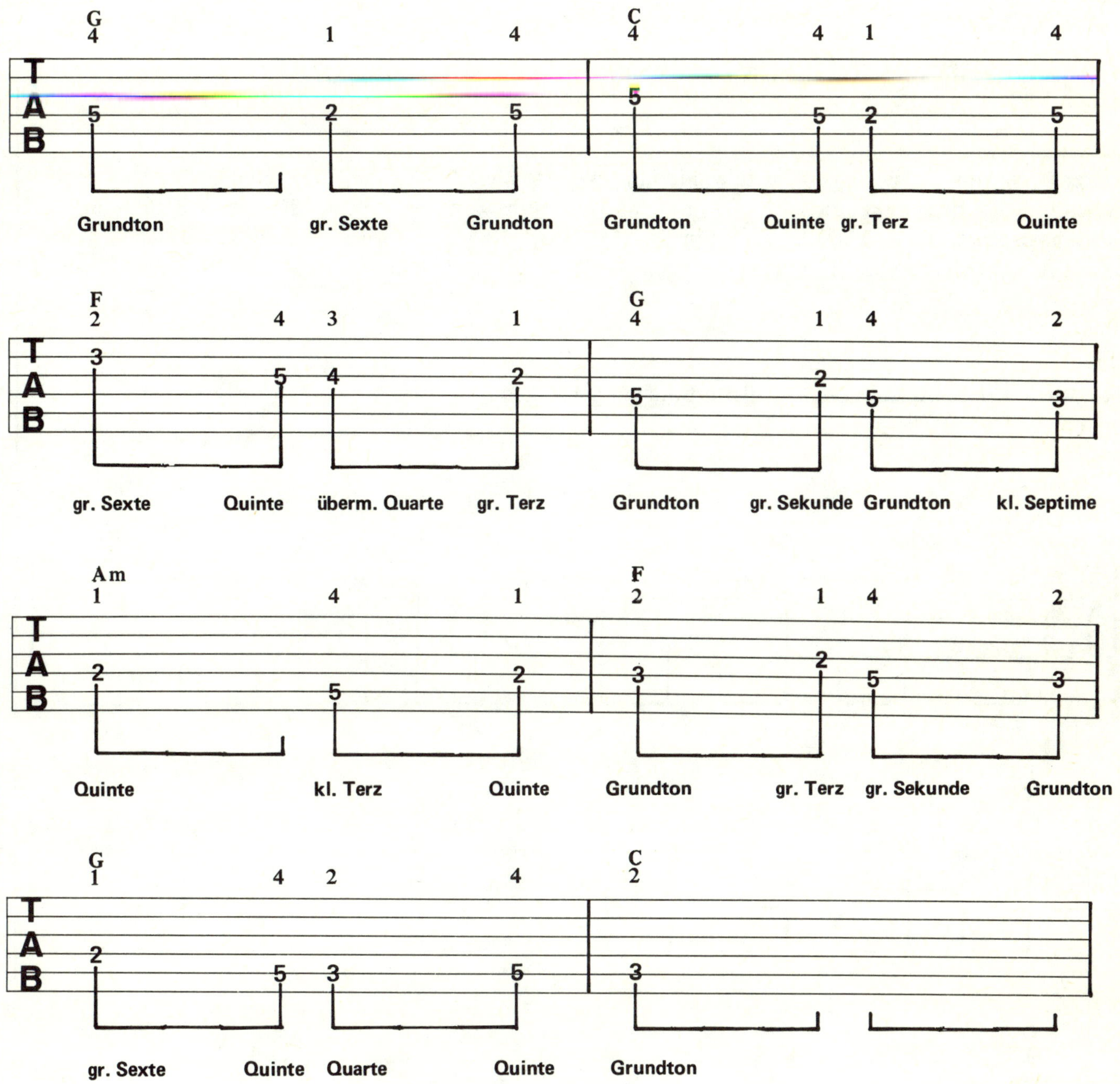
G 4 1 4 | C 4 4 1 4
5 2 5 | 5 5 2 5
Grundton gr. Sexte Grundton Grundton Quinte gr. Terz Quinte
F 2 4 3 1 | G 4 1 4 2
3 5 4 2 | 5 2 5 3
gr. Sexte Quinte überm. Quarte gr. Terz Grundton gr. Sekunde Grundton kl. Septime
Am 1 4 1 | F 2 1 4 2
2 5 2 | 3 2 5 3
Quinte kl. Terz Quinte Grundton gr. Terz gr. Sekunde Grundton
G 1 4 2 4 | C 2
2 5 3 5 | 3
gr. Sexte Quinte Quarte Quinte Grundton

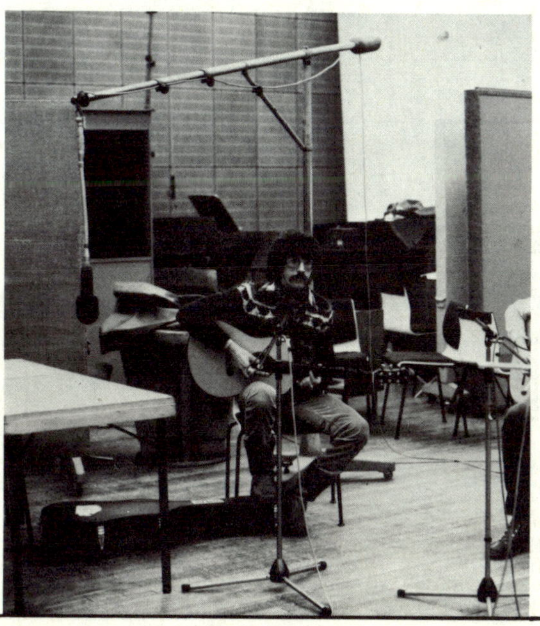

Improvisation mit Tonleitertönen

Untersuche nun einmal selbst die folgende improvisierte Melodie auf ihre Intervalle. Gehe dabei vom Grundton des Begleitakkordes aus. Das ist eine gute Selbstkontrolle, ob du die Intervallerklärungen verstanden hast. Danach spiele das Improvisationsbeispiel nach. Es wird dir zeigen, wie schön eine Improvisation in nur einer Lage klingen kann. Vielleicht bringt dich das Beispiel auch auf eigene Ideen.

Improvisationsbeispiel mit den Tonleitertönen in der 2. Lage.

★ **Take 8**

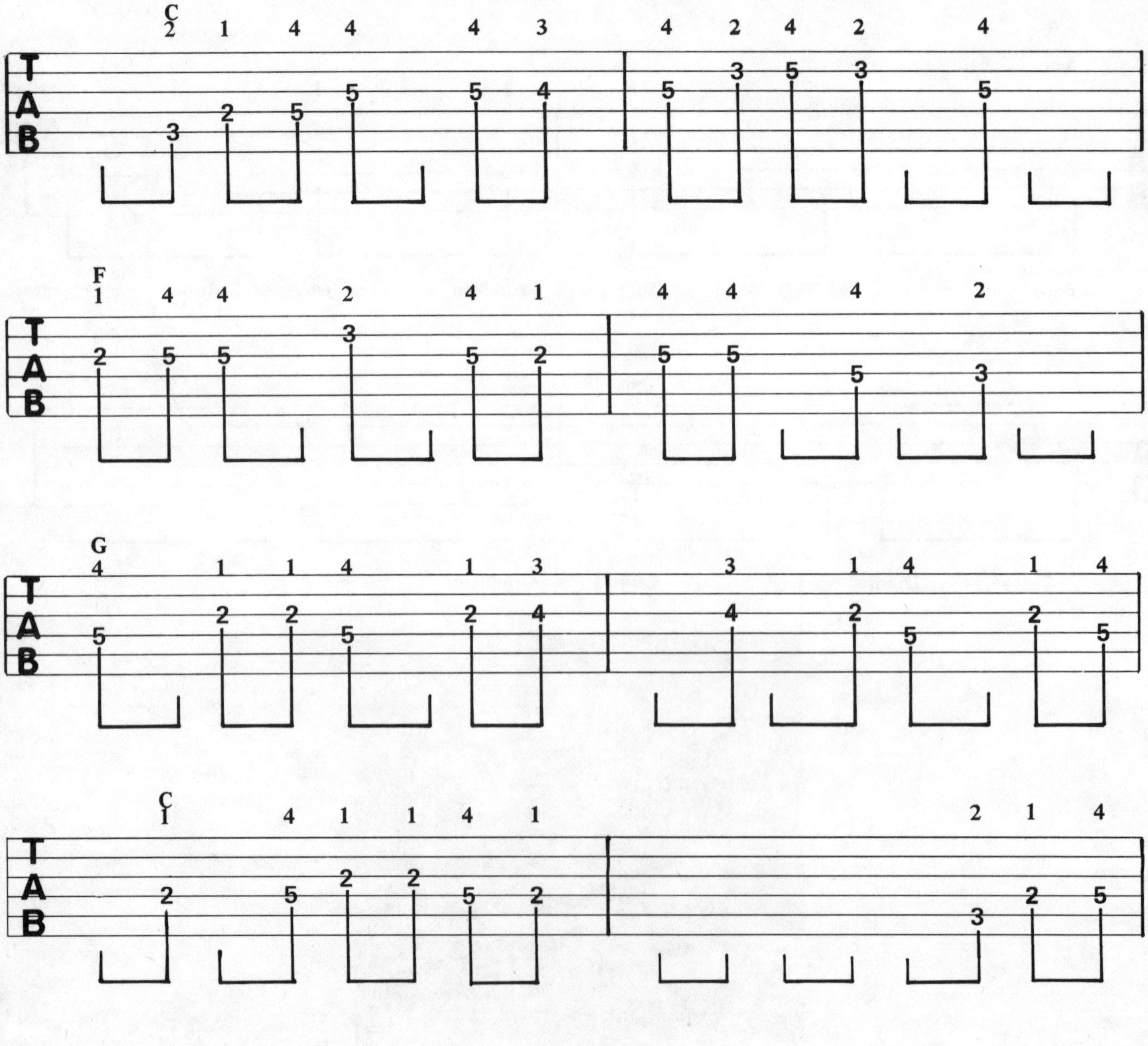

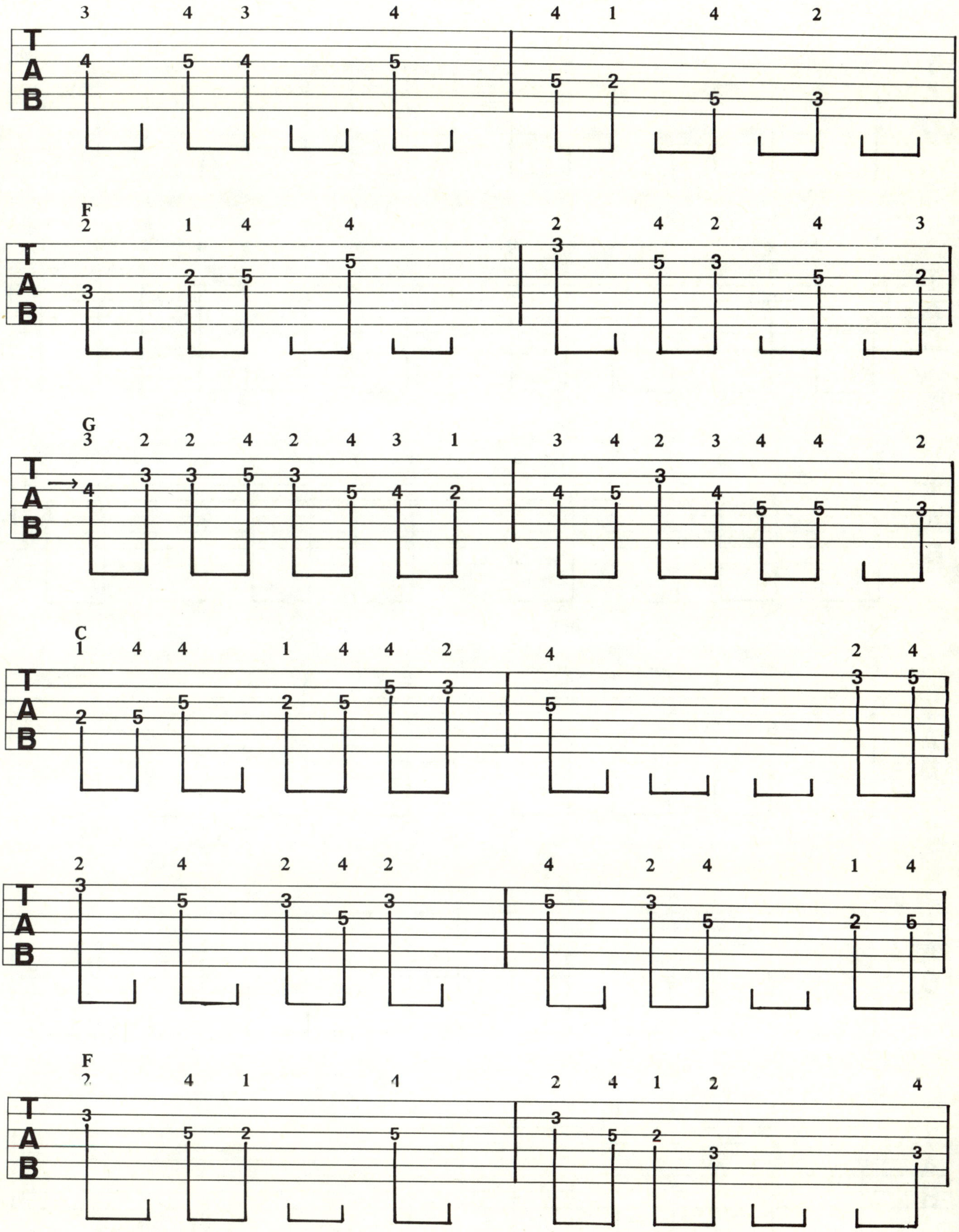
TAB
F
G
C
F

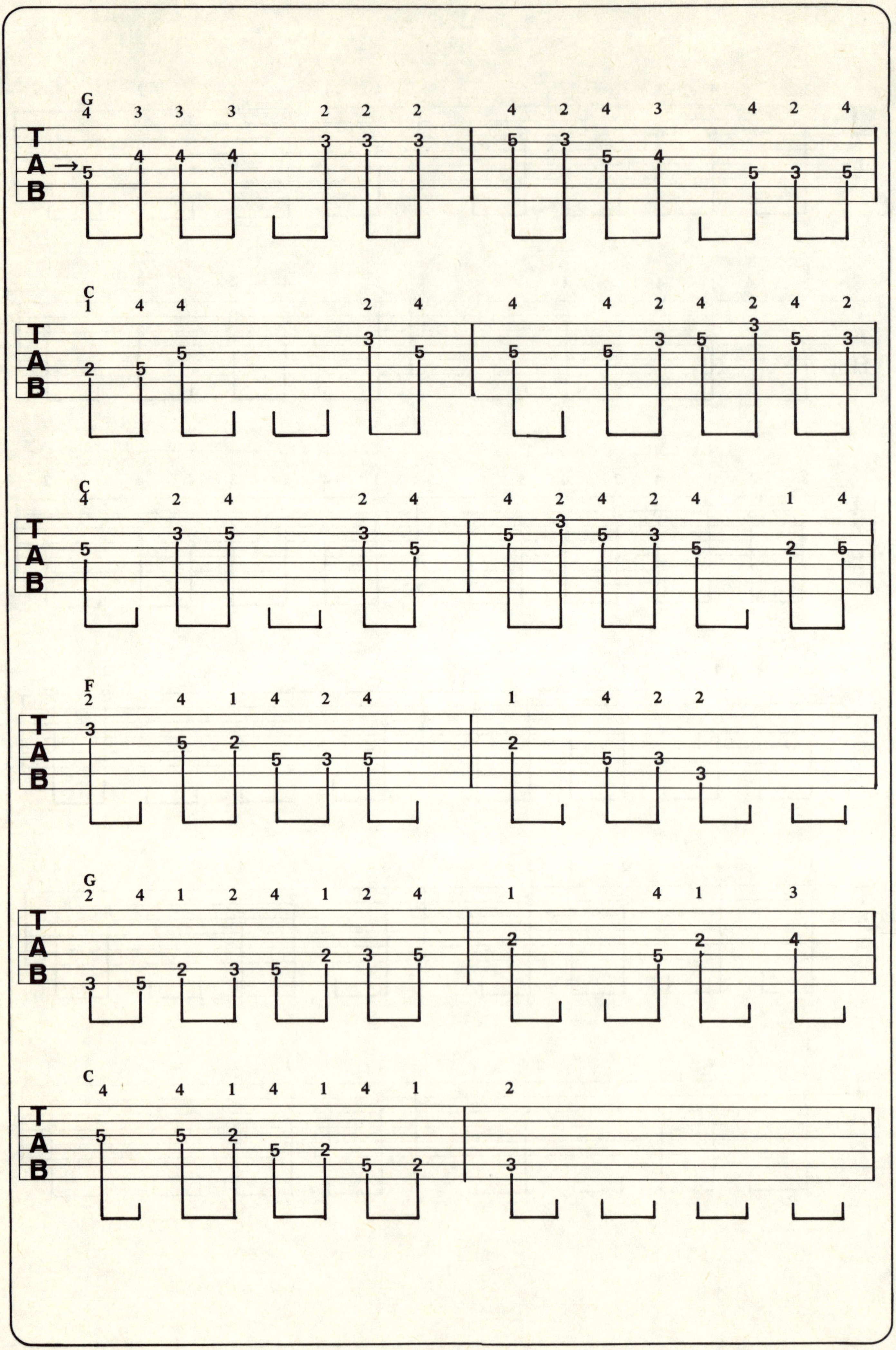
G
C
C
F
G
C

Fingersatz der C-Dur Tonleiter 4. Lage

Mit der 4. Lage vergrößern wir unseren Improvisationsraum. Völlig neu sind nur die Töne im 6. und 7. Bund, also insgesamt nur fünf neue Töne, wie ihr am Schaubild sehen könnt. Die auswendig zu lernen schaffen wir mit Leichtigkeit. Um mit den Tönen nicht durcheinander zu geraten, ist wieder oberstes Gebot, sich genau an den Fingersatz zu halten.

Fingersatz mit vier Überstreckungen des Zeigefingers

Fingersatz

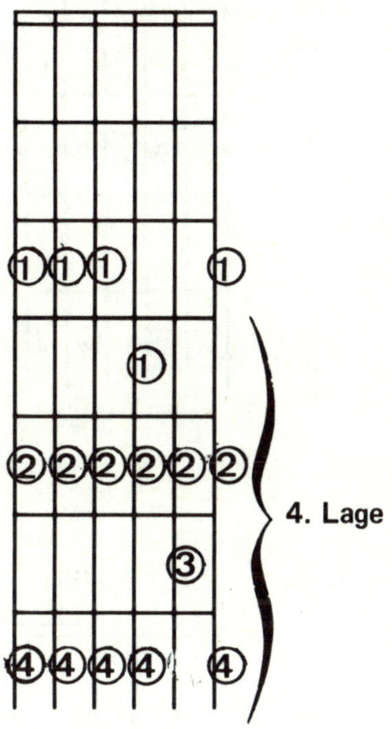

Tonbezeichnungen

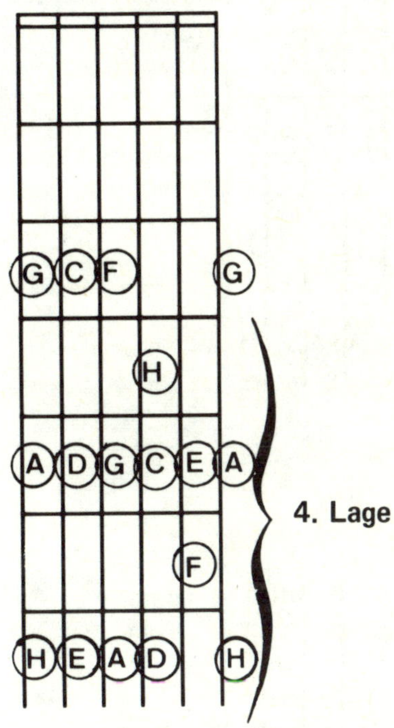

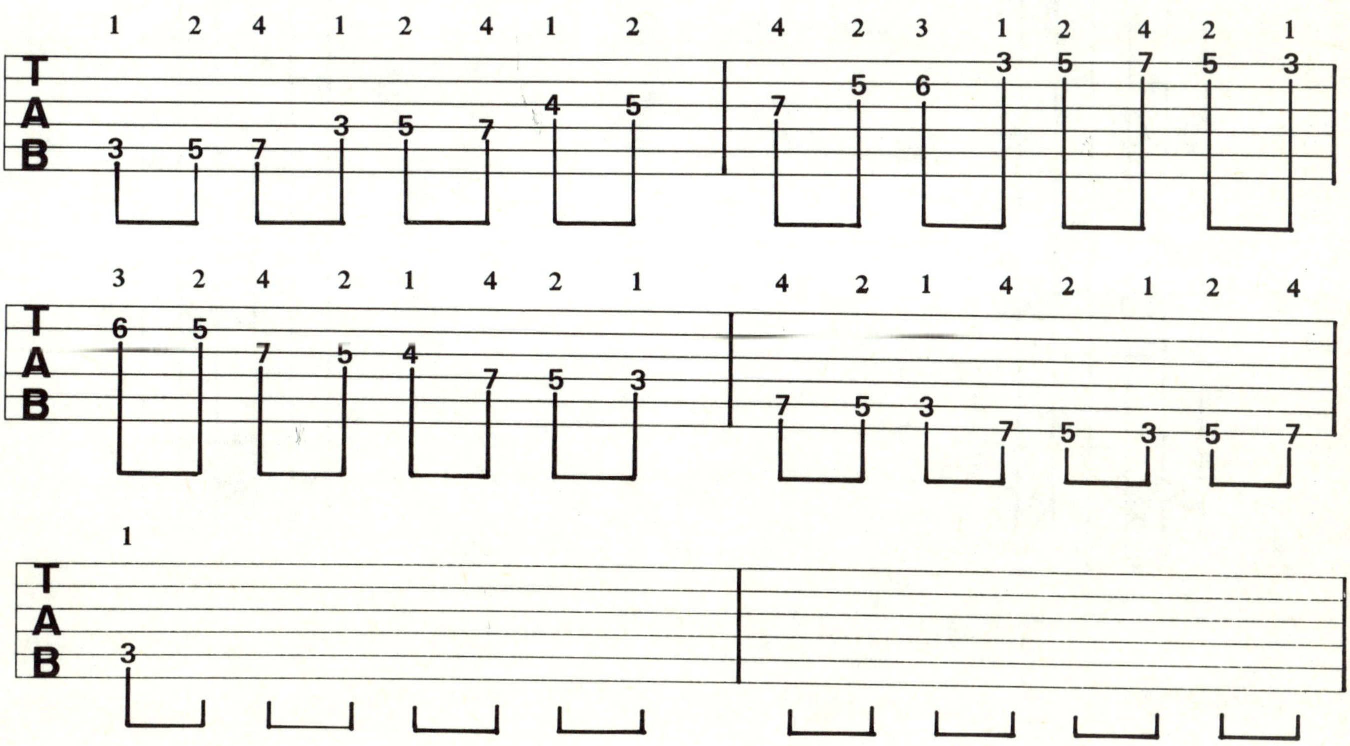

Akkordtöne in der 4. Lage
der C – Dur Tonleiter

C - Dur

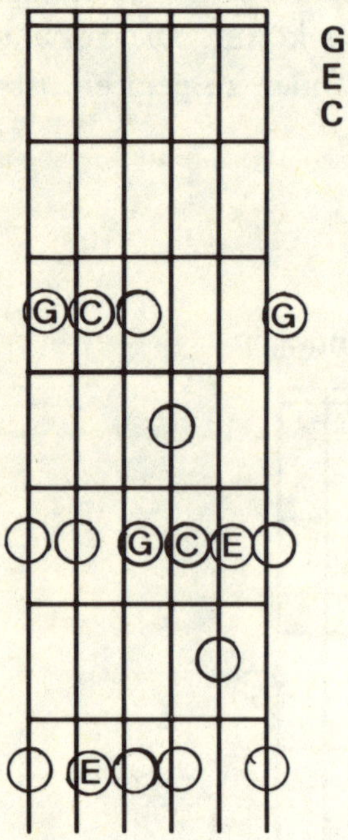

d - moll

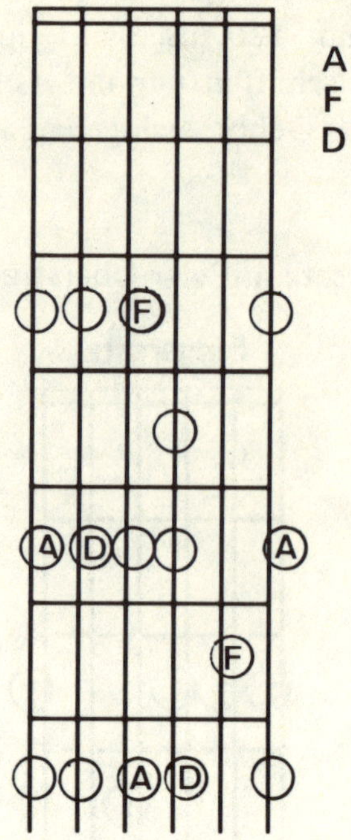

e - moll

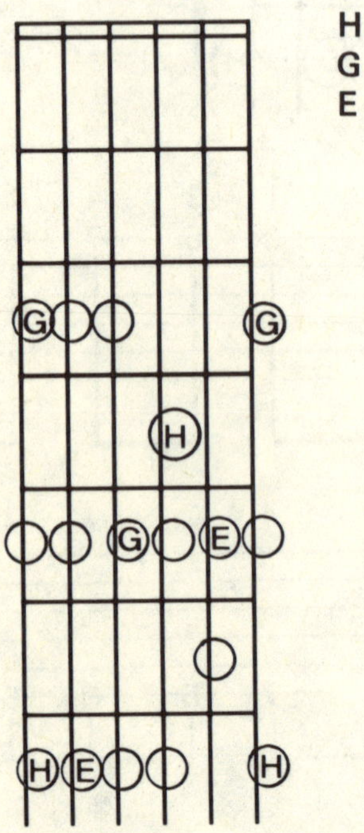

F -- Dur

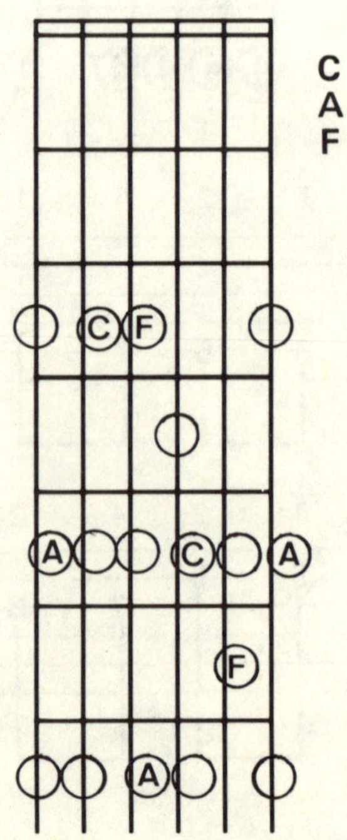

G --Dur

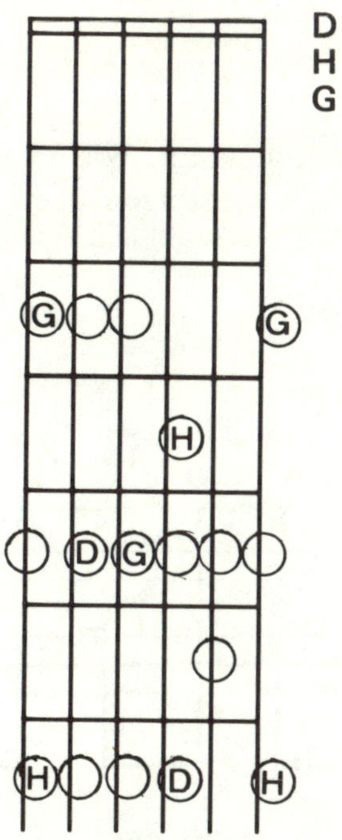

A - moll

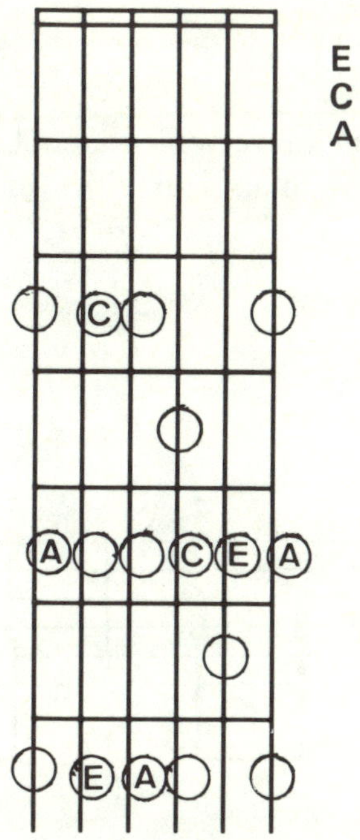

Hm - 5

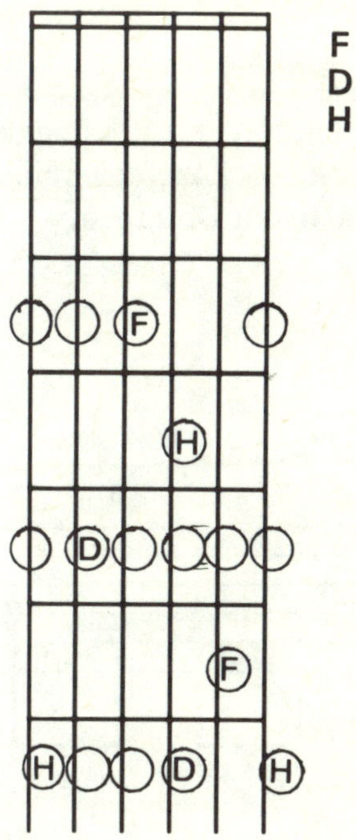

Lagenwechsel zwischen 2. und 4. Lage

Sehr eindrucksvoll klingt es, wenn man in verschiedenen Lagen improvisieren kann. Wie man die 2. und die 4. Lage kombinieren, d.h. wie man von einer in die andere Lage umsteigen kann, zeigen die nächsten Übungen.

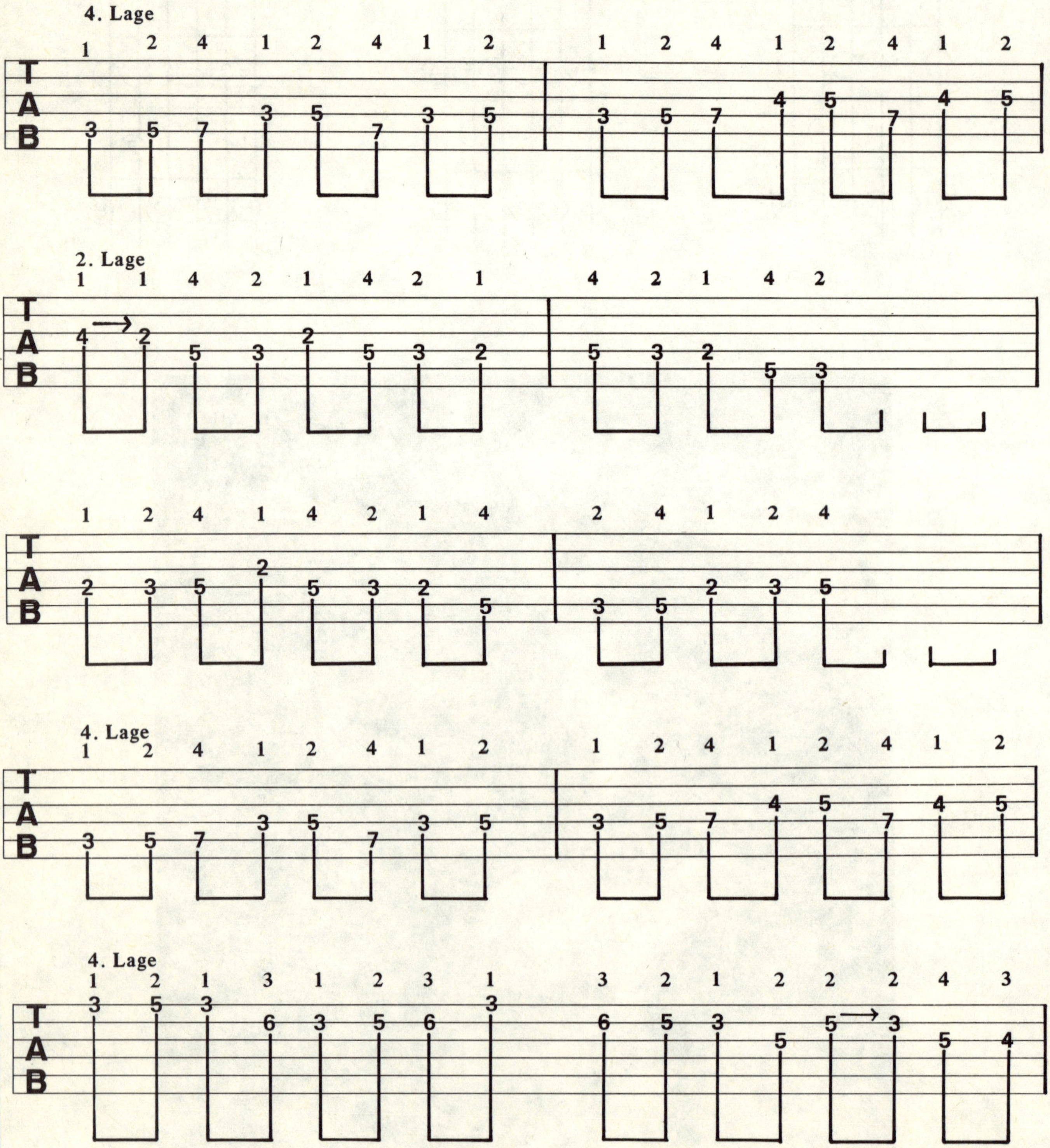

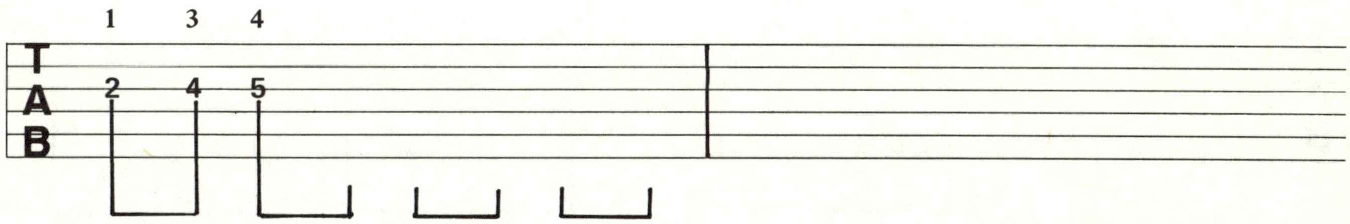

Melodie in zwei Lagen

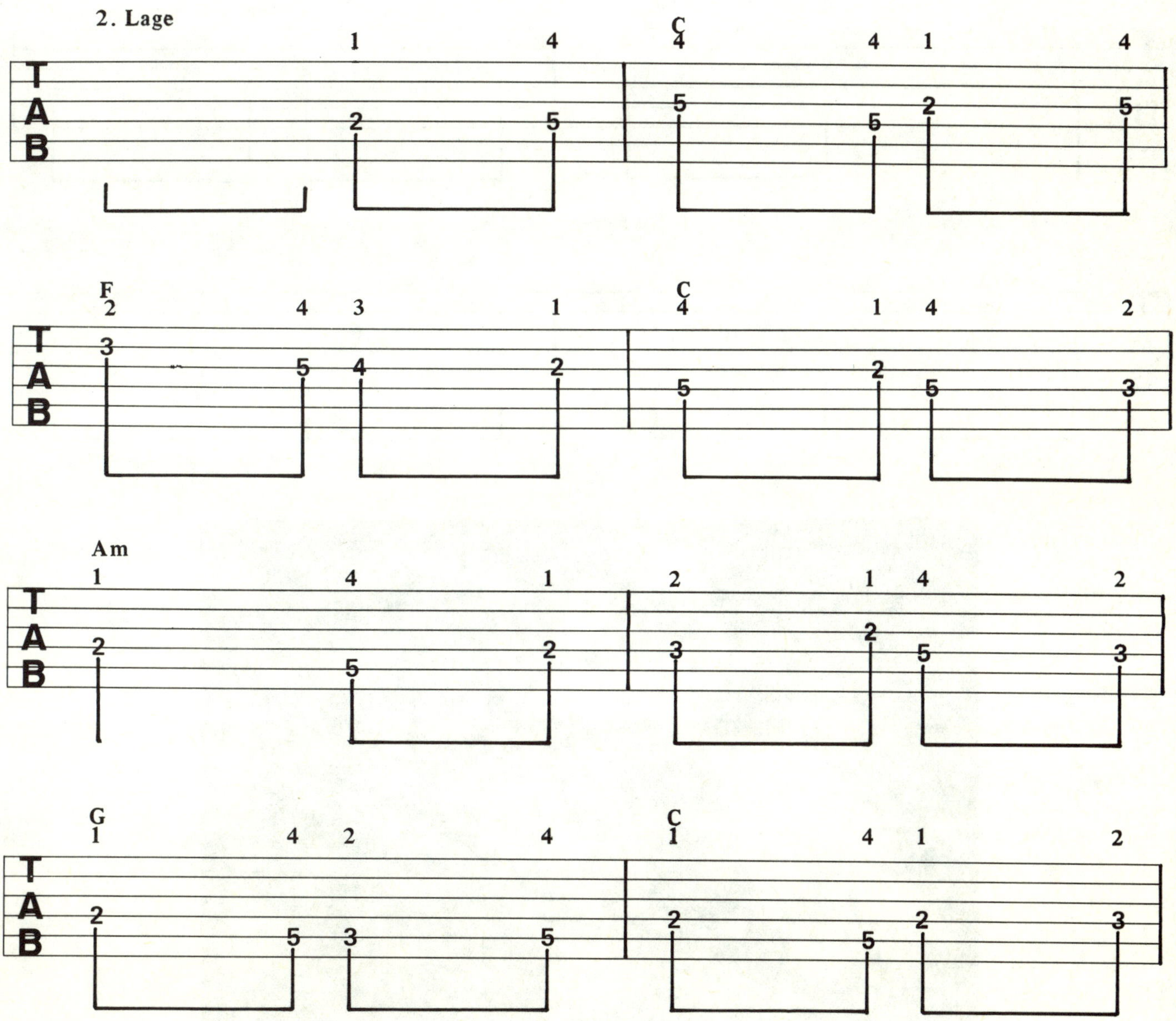

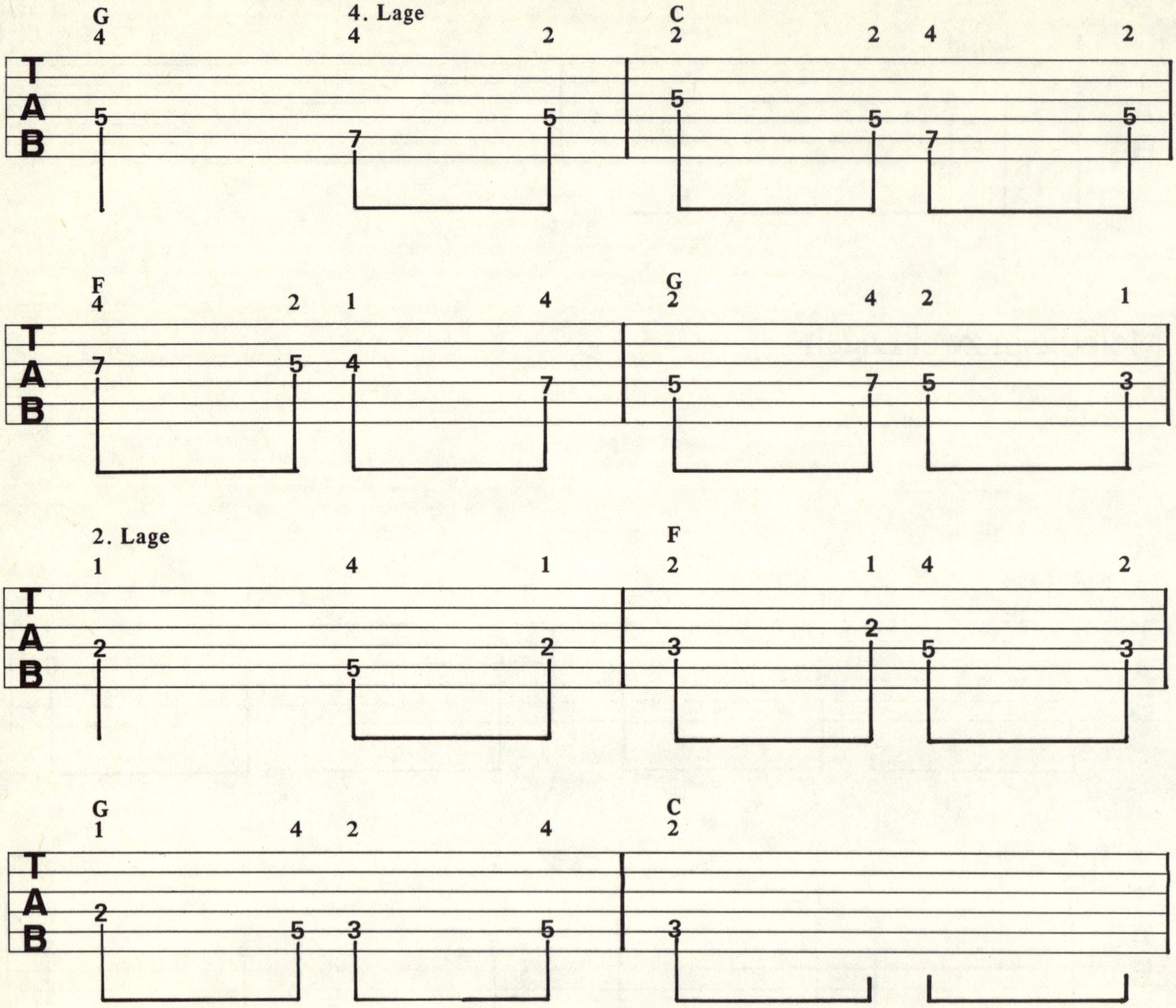
G
4. Lage
C
F
G
2. Lage
F
G
C

Wir erobern das restliche Griffbrett

Damit du nicht nur in zwei Lagen spielen kannst, zeige ich dir jetzt die Fingersätze für die 5., 7. und 9. Lage der C - Dur - Tonleiter.

5. Lage der C – Dur Tonleiter
Fingersatz mit einer Überstreckung
des kleinen Fingers.

Fingersatz

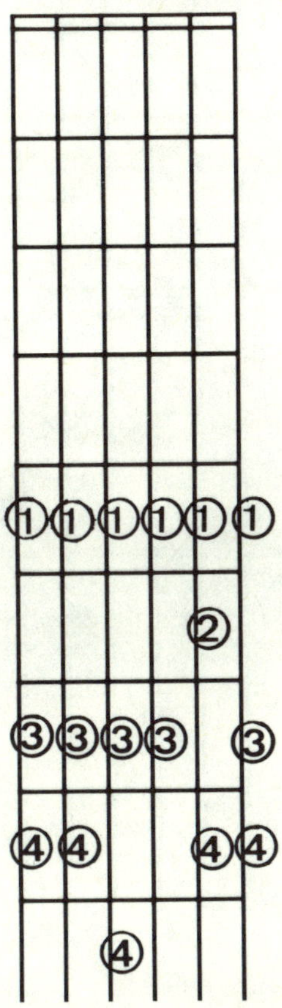

Tonbezeichnungen

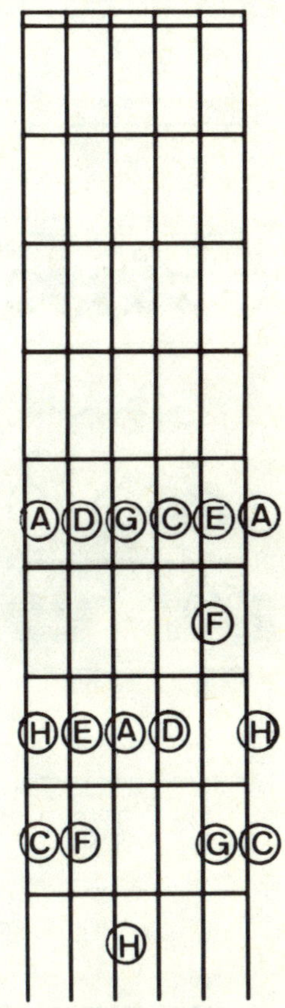

Tabulatur zur 5. Lage.

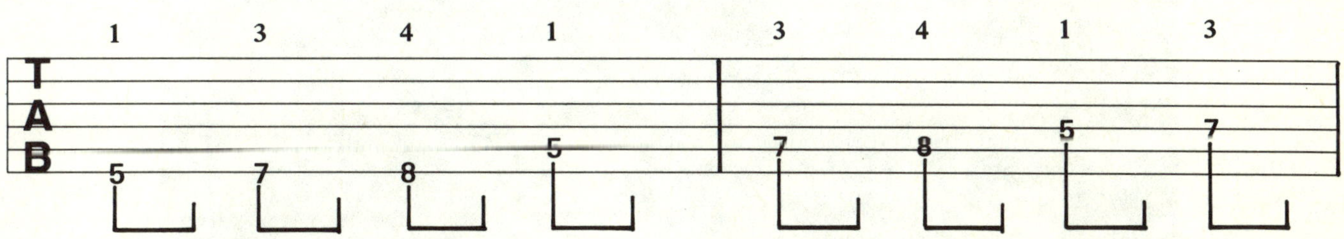

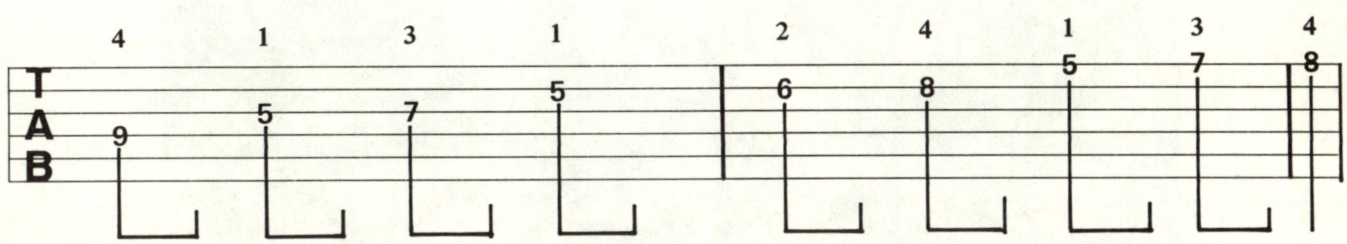

Akkordtöne der 5. Lage
C – Dur Tonleiter

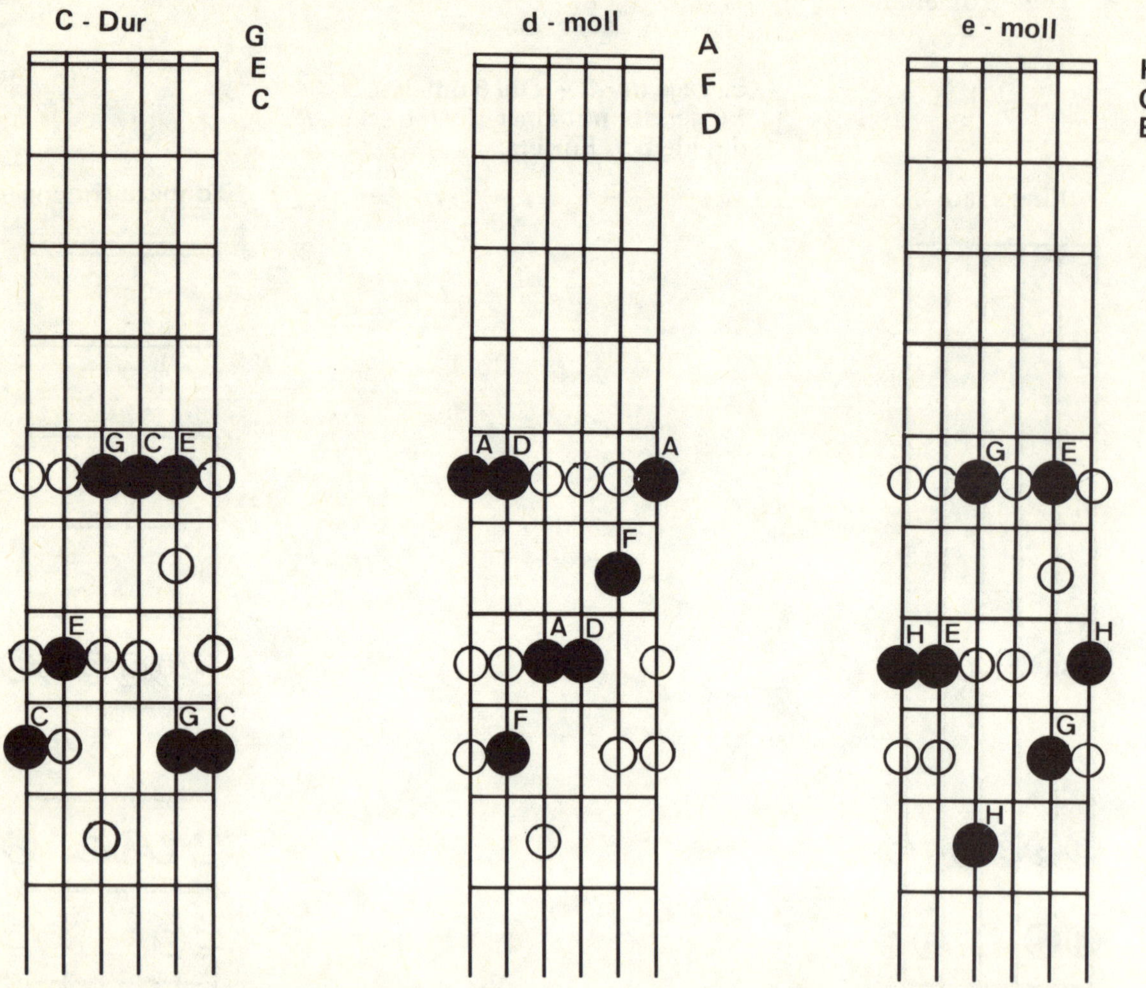

F - Dur

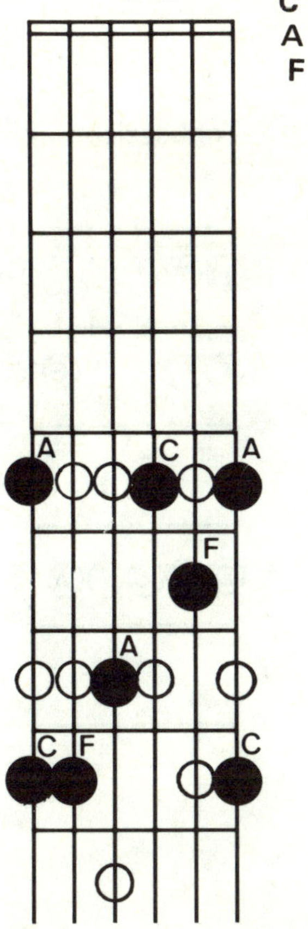

G - Dur

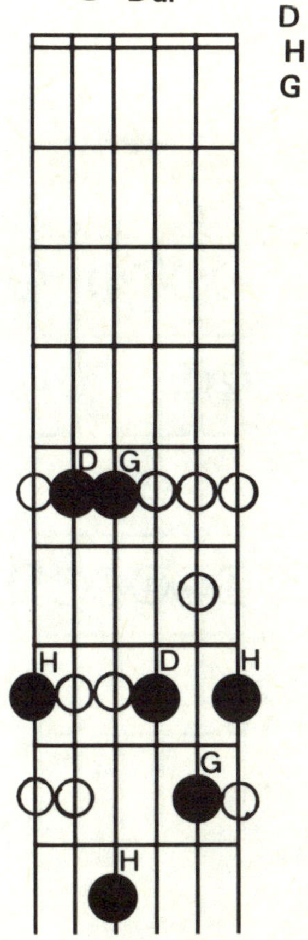

A - moll

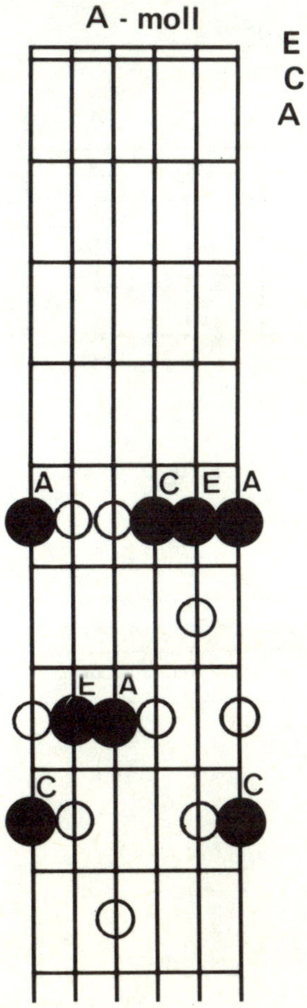

Hm --5

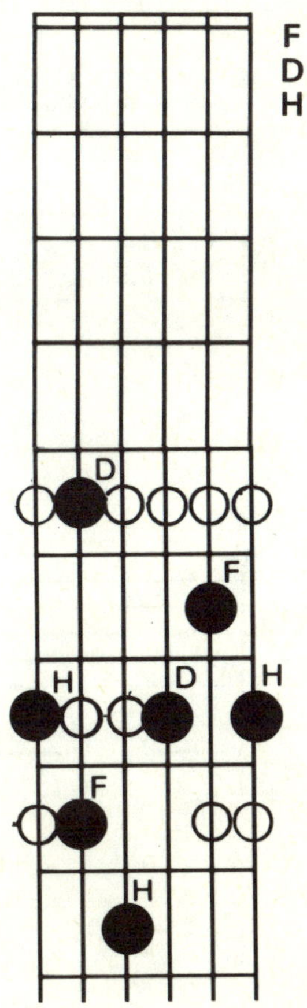

7. Lage der C – Dur Tonleiter

Fingersatz

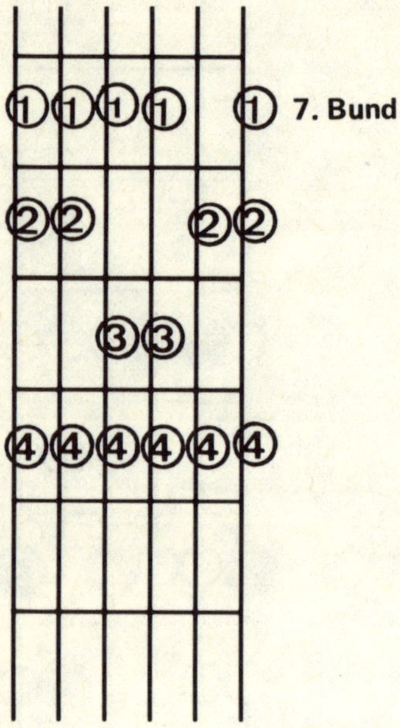

Tonbezeichnungen

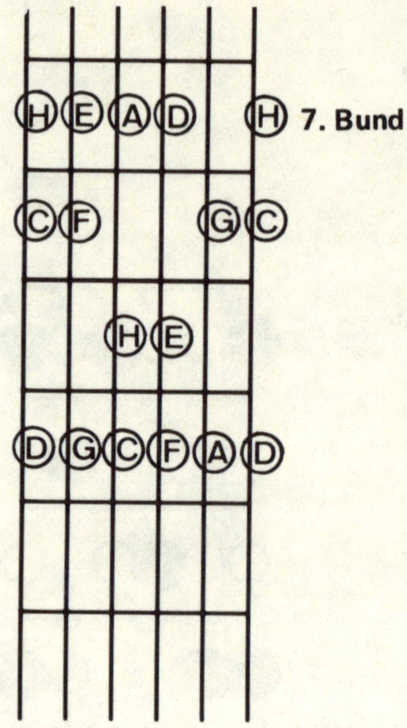

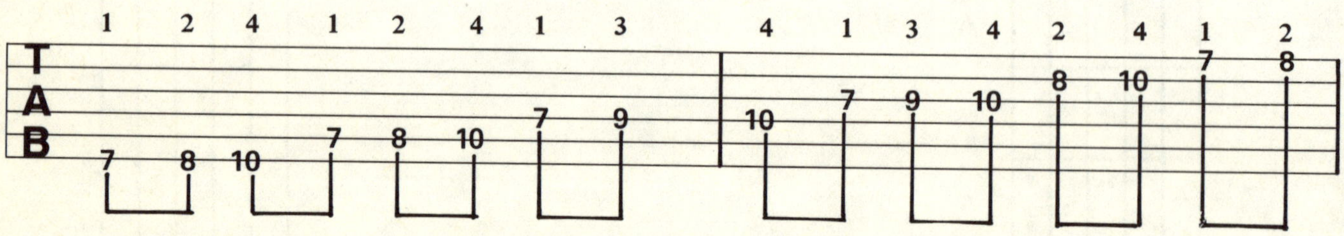

Akkordtöne der C– Dur Tonleiter in der 7. Lage

C – Dur

G
E
C

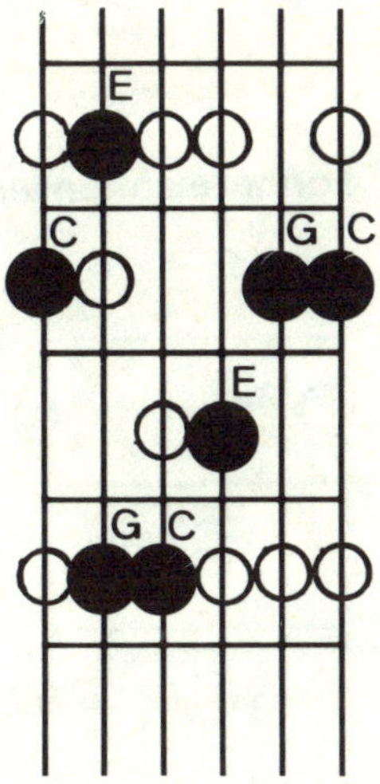

7. Bund

d - moll

A
F
D

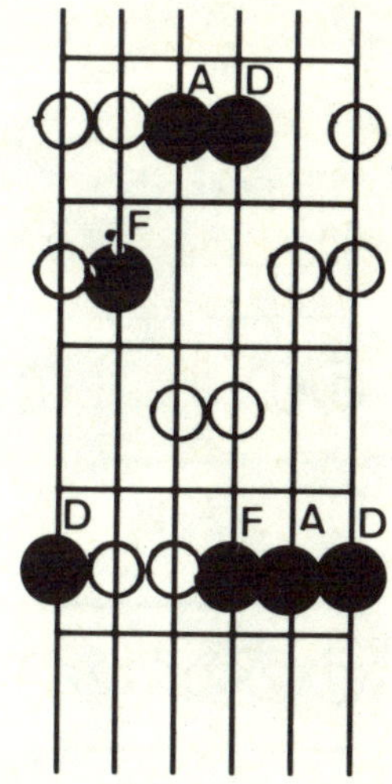

7. Bund

e - moll

H
G
E

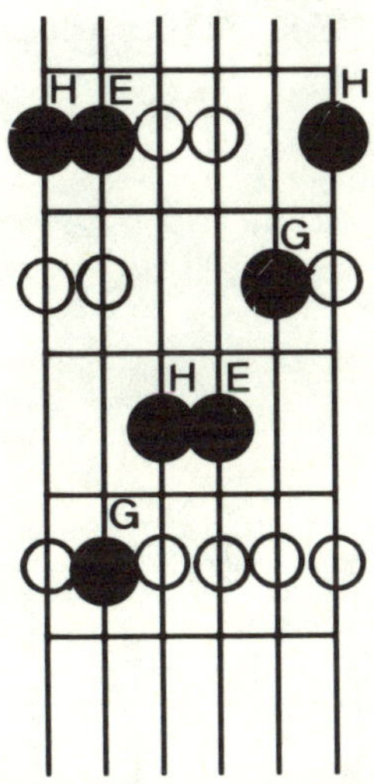

7. Bund

F – Dur

C
A
F

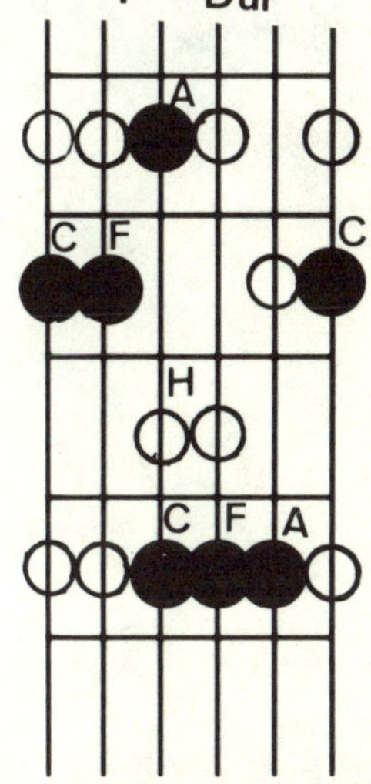

7. Bund

G – Dur

D
H
G

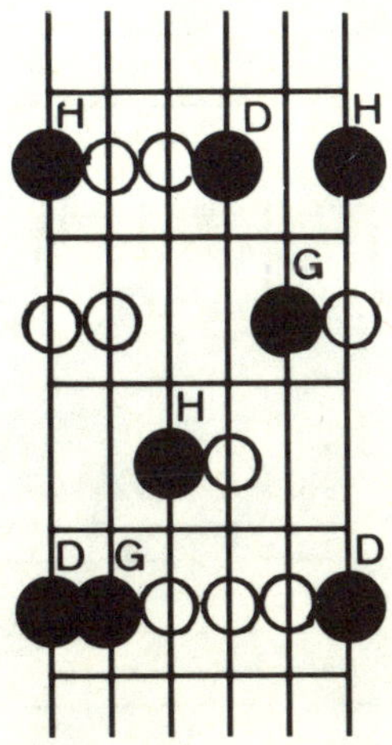

7. Bund

a - moll

E
C
A

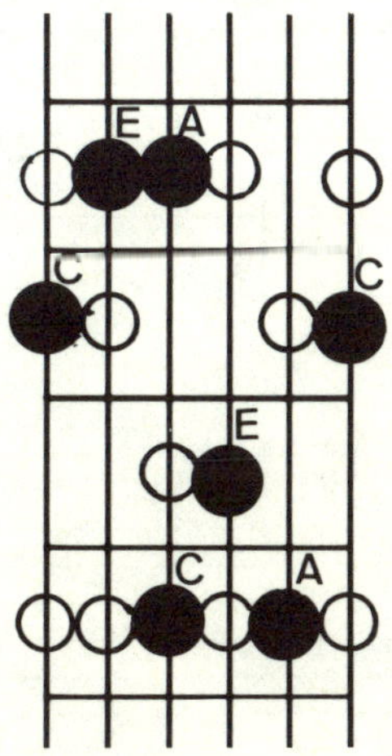

7. Bund

Hm -5

F
D
H

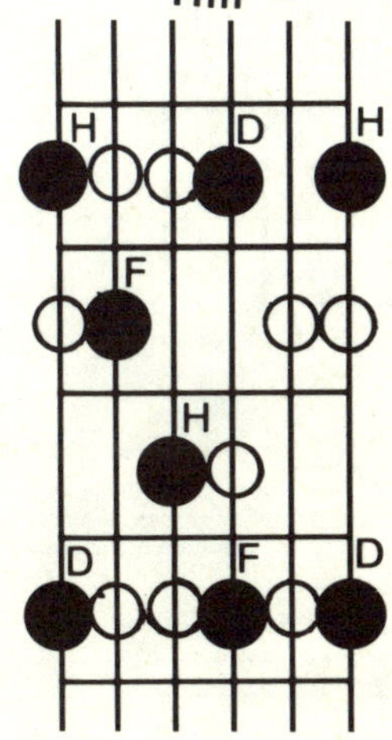

7. Bund

Fingersatz für die 9. Lage der C – Dur Tonleiter mit 3 Überstreckungen des Zeigefingers

Fingersatz

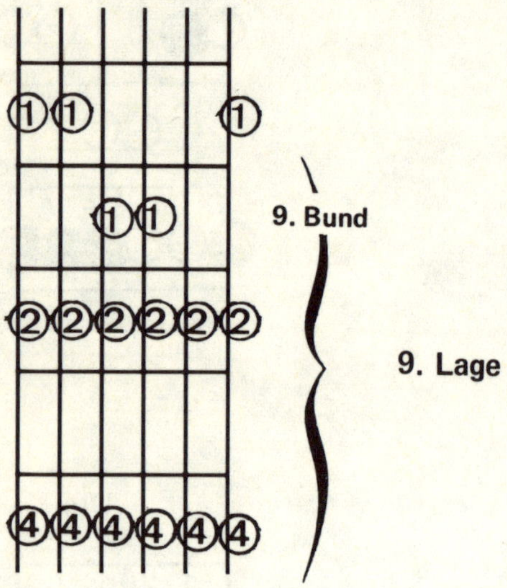

Tonbezeichnungen

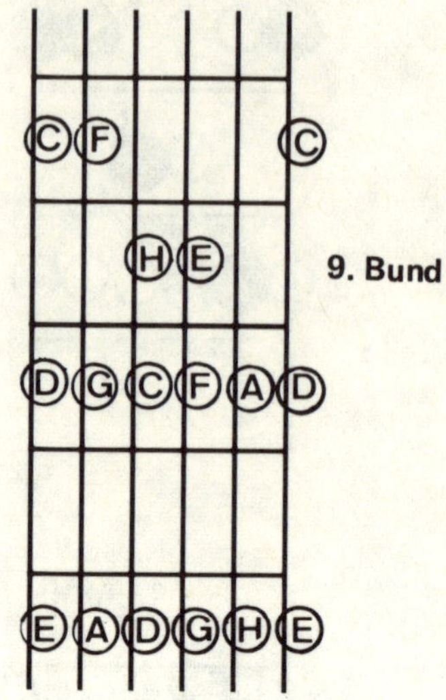

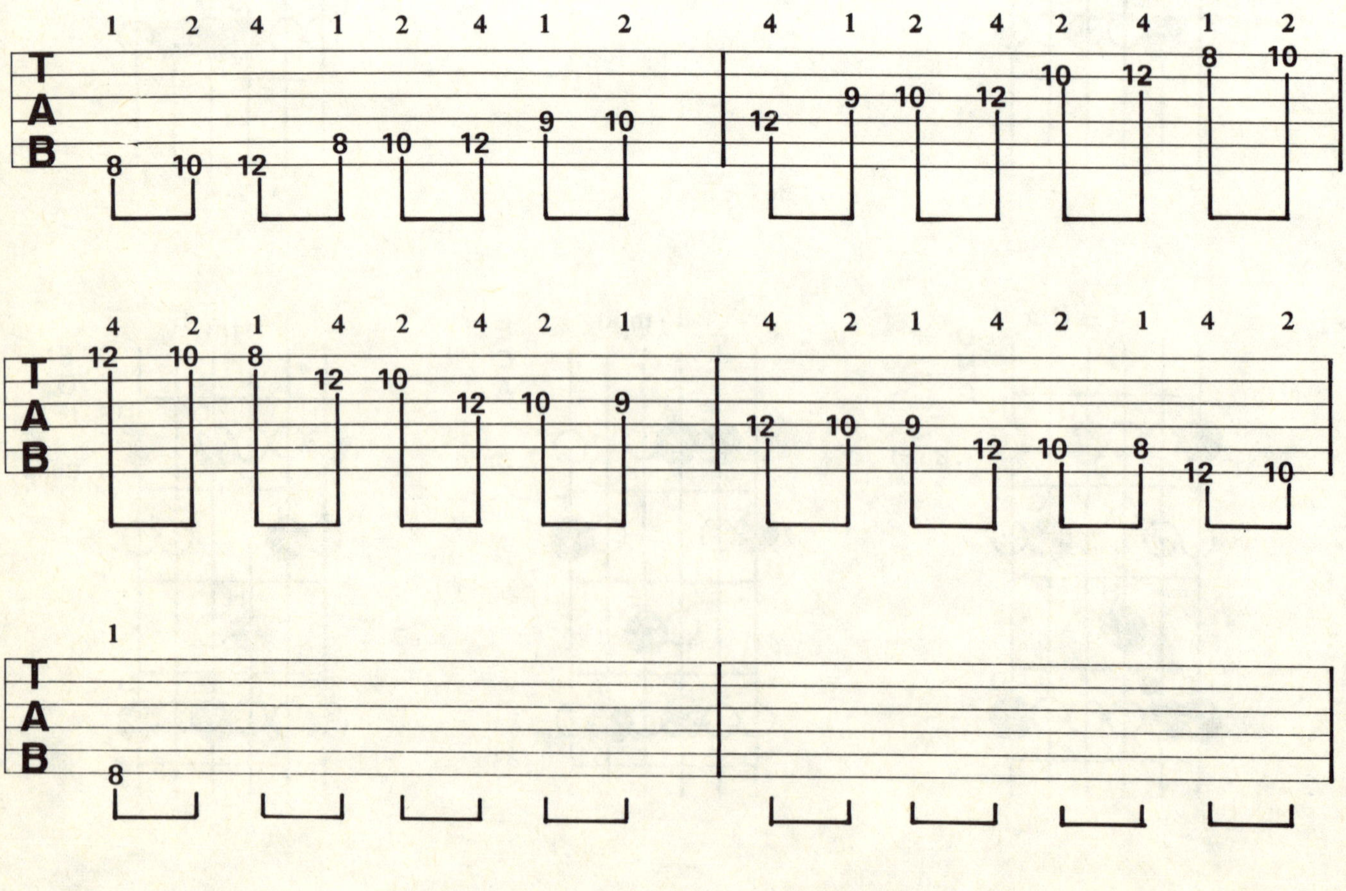

Akkordtöne der C – Dur Tonleiter in der 9. Lage

C – Dur

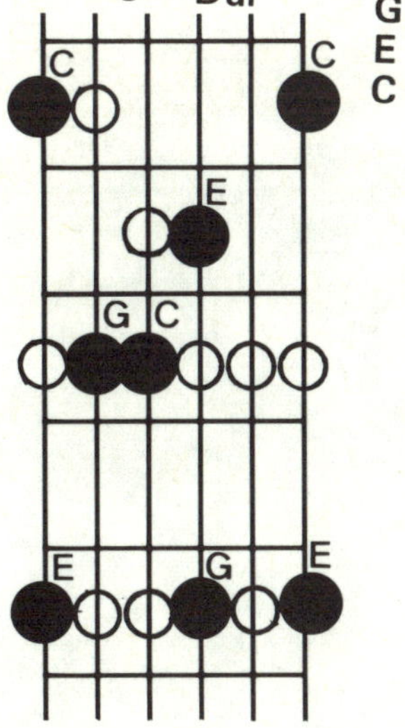

d - moll

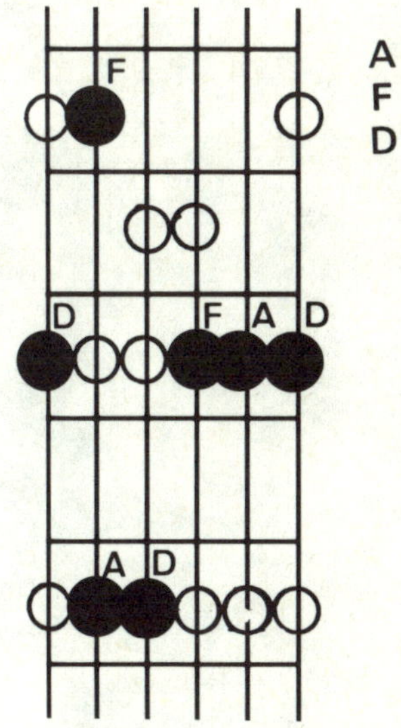

E - moll

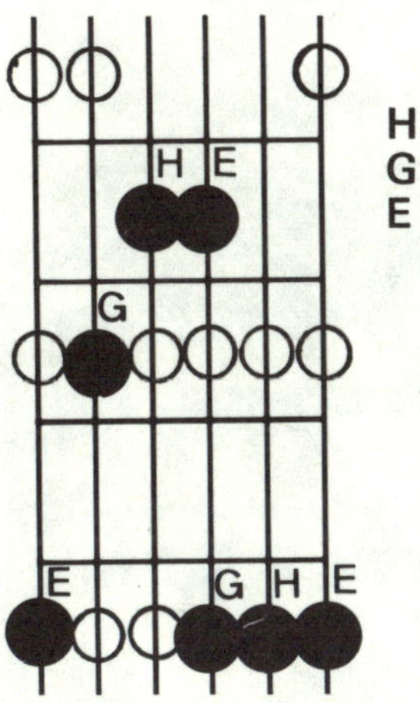

F – Dur

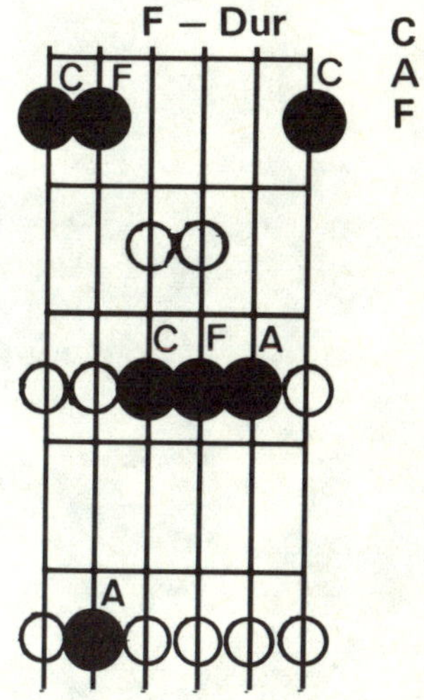

G – Dur

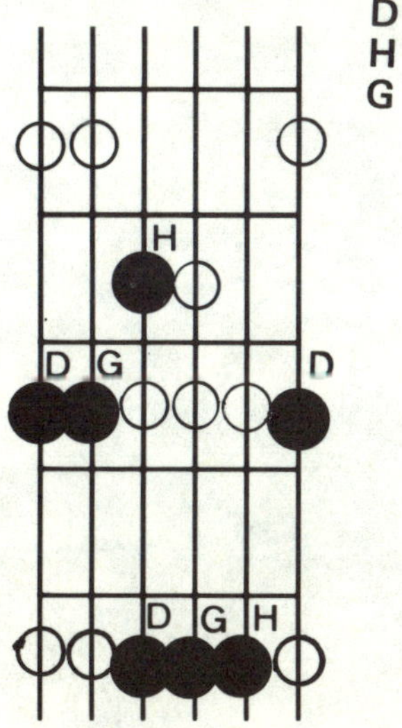

a - moll

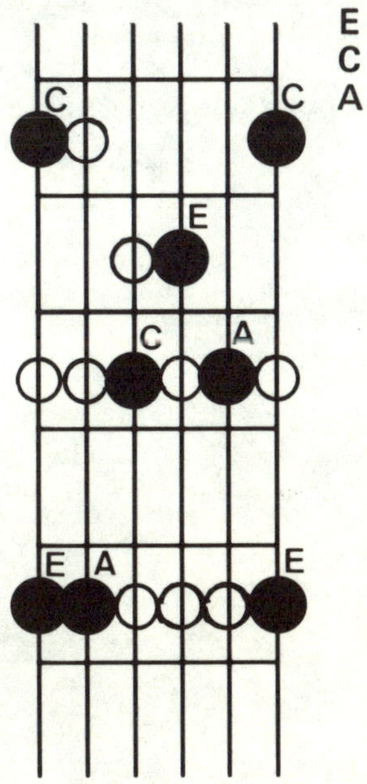

Hm -5

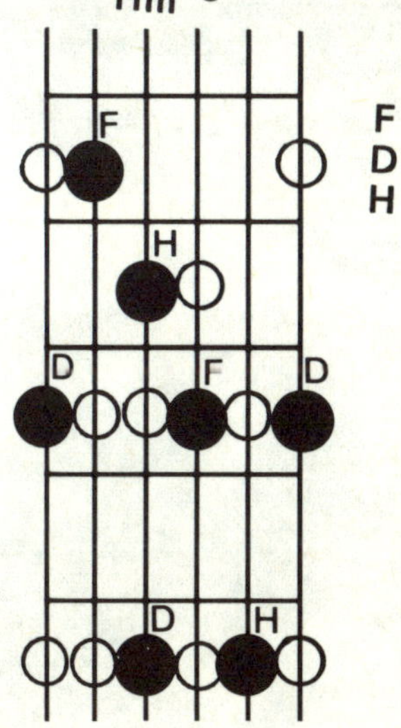

Die Pentatonische Improvisation

Du bist jetzt auf einem Stand, wo du locker in verschiedenen Lagen über das ganze Griffbrett improvisieren kannst. Zu den Tonleiterstufenakkorden C-Dur, Dm, Em, F-Dur, G-Dur, Am, Hm ergibt jeder Ton der C - Dur - Tonleiter ein gut klingendes Intervall, bis auf einen Ton. Dieser kritische Ton liegt auf der 4. Stufe der Tonleiter. Für die C - Dur - Tonleiter wäre das das F. Es gibt zwei der vielen möglichen Intervalle, die nicht angenehm in unseren Ohren klingen. Das ist einmal die kleine Sekunde (1 Halbtonschritt) und zum anderen die kleine Sexte (8 Halbtonschritte). Wenn dein Begleitgitarrist Em spielt und du spielst langanhaltend F, dann wird das schief klingen; denn von dem Grundton des Akkordes, nämlich E, zu deinem Melodieton F ist nur ein Tonabstand einer kleinen Sekunde. Von Am zum Melodieton F entsteht ebenfalls ein kritisches Intervall. Von dem Grundton des Am Akkordes A zu deinem Melodieton ist ein Abstand von 8 Halbtonschritten, also kleine Sexte. Das klingt ebenfalls nicht schön. Über dem C-Dur-Akkorddreiklang kann man zwar F spielen, die Quarte klingt aber auch nicht berauschend. Zu den übrigen Akkorden paßt das F problemlos. Damit du aber nicht immer ängstlich auf die Akkorde des Mitspielers achten mußt, rate ich dir, das F immer nur kurz zu spielen, sozusagen als Durchgangston. Kurz gespielt ist ein F über jedem Stufenakkord der C-Dur-Tonleiter zu ertragen; langstehend über Em und Am ganz schlecht, über C-Dur-Dreiklang bedenklich. Also merkst du dir beim Erlernen der Fingersätze für die verschiedenen Lagen der C - Dur - Tonleiter am besten gleich, wo dieser eine kritische Ton F liegt, den du entweder beim Improvisieren vermeidest oder zumindest nur kurz als Durchgangston spielst. Dann kann nichts schiefgehen.

Viele Gitarristen ziehen es vor, nur mit fünf Tönen einer Tonleiter zu improvisieren. Dabei läßt man die kritische 4. Stufe und die 7. Stufe der Tonleiter einfach weg. Dann bleibt folgende Tonleiter aus fünf Tönen übrig: C D E G A . Das Spielen mit nur fünf Tönen der Tonleiter nennt man pentatonisch spielen. Penta ist ein griechisches Wort und heißt fünf. Für die Pentatonik zeige ich dir jetzt die Fingersätze für die verschiedenen Lagen.

C – Dur Pentatonik

2. Lage

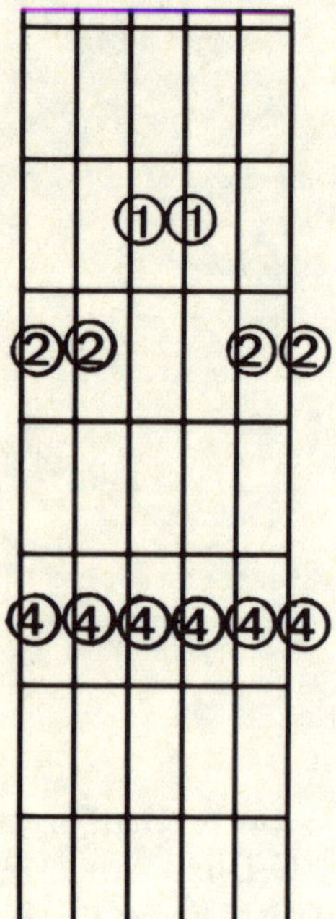

5. Lage

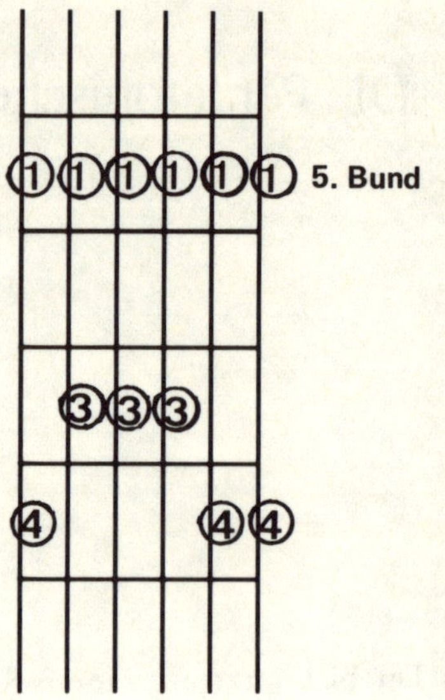

7. Lage

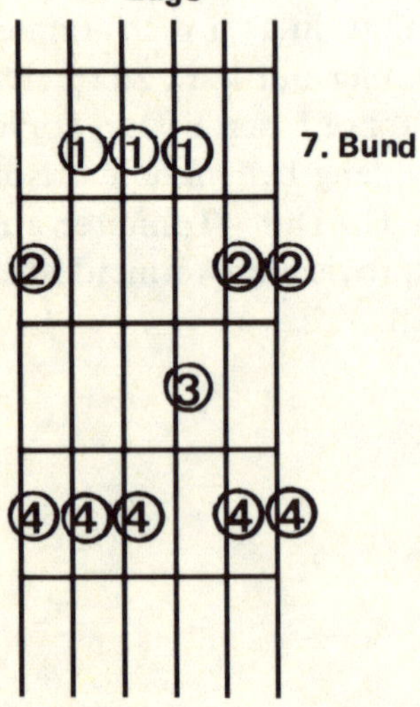

10. Lage

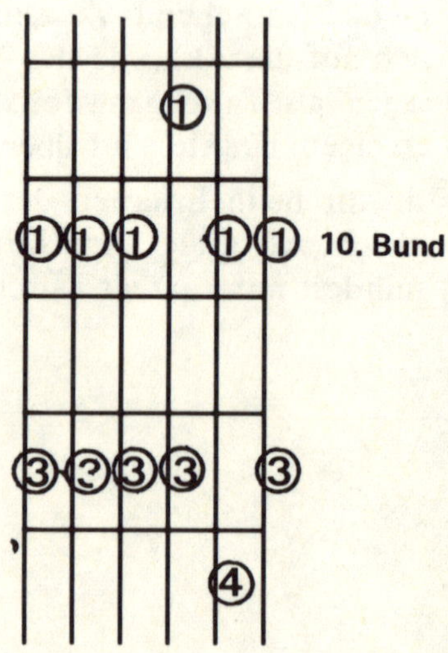

Das nächste Stück ist ein Anwendungsbeispiel für ein pentatonisch gespieltes Solo in der zweiten Lage.

2, Lage

★ **Take 9**

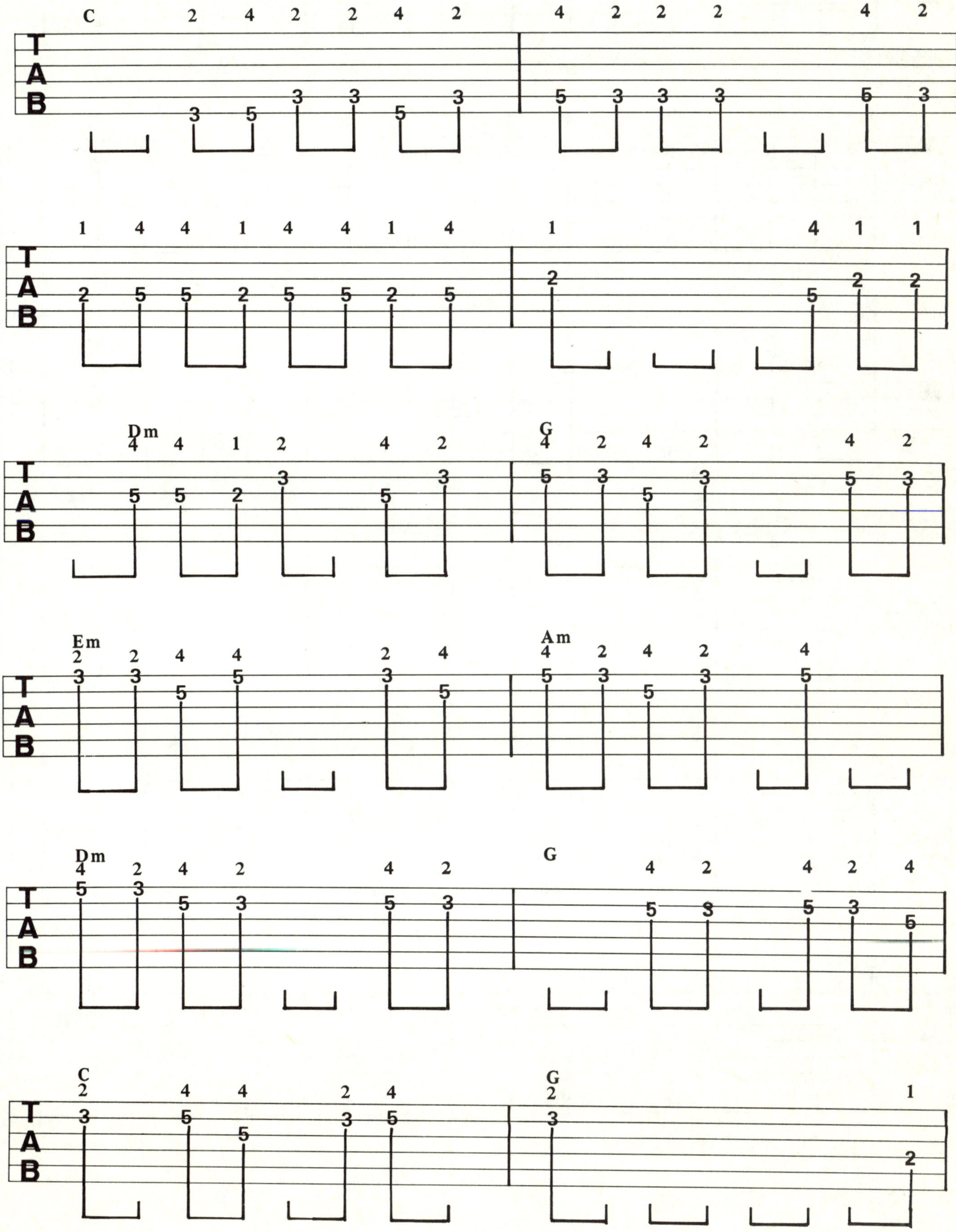

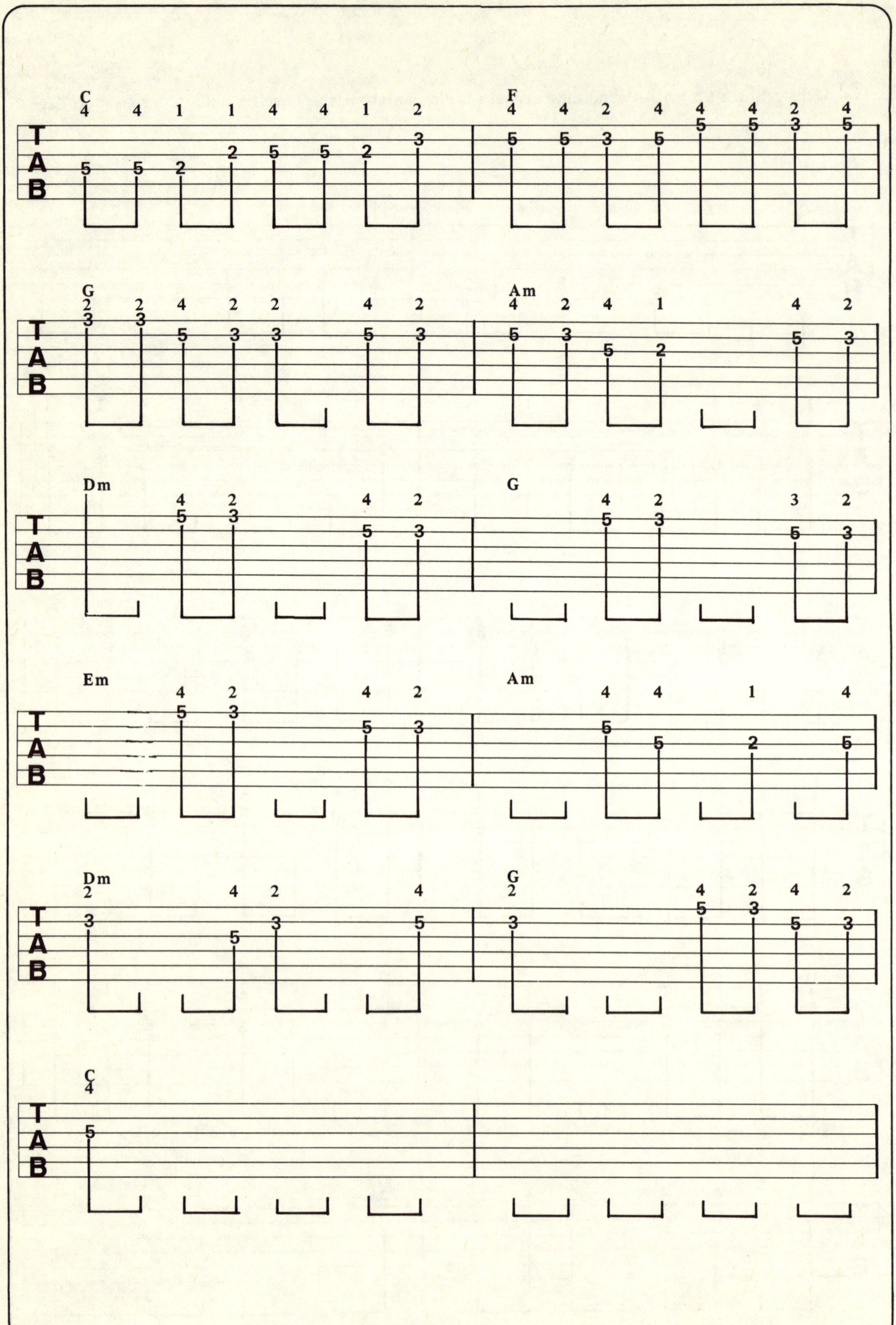
C
F
G
Am
Dm
G
Em
Am
Dm
G
C
TAB

Als nächstes habe ich ein recht langes pentatonisches Solo für dich aufgeschrieben. Diesmal in der 5. Lage. An diesem Stück kannst du dir viele Anregungen holen.

★ **Take 10**

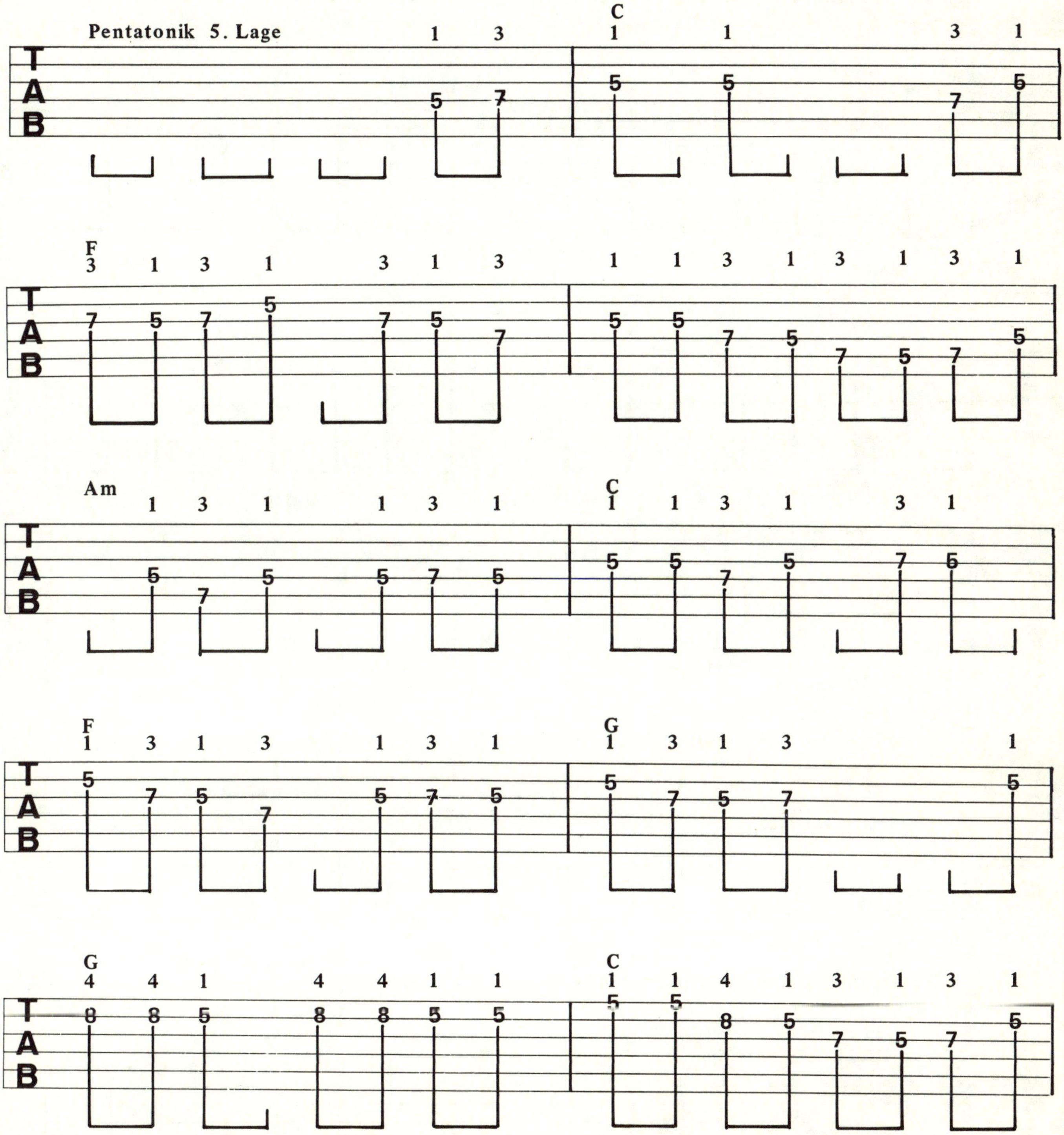

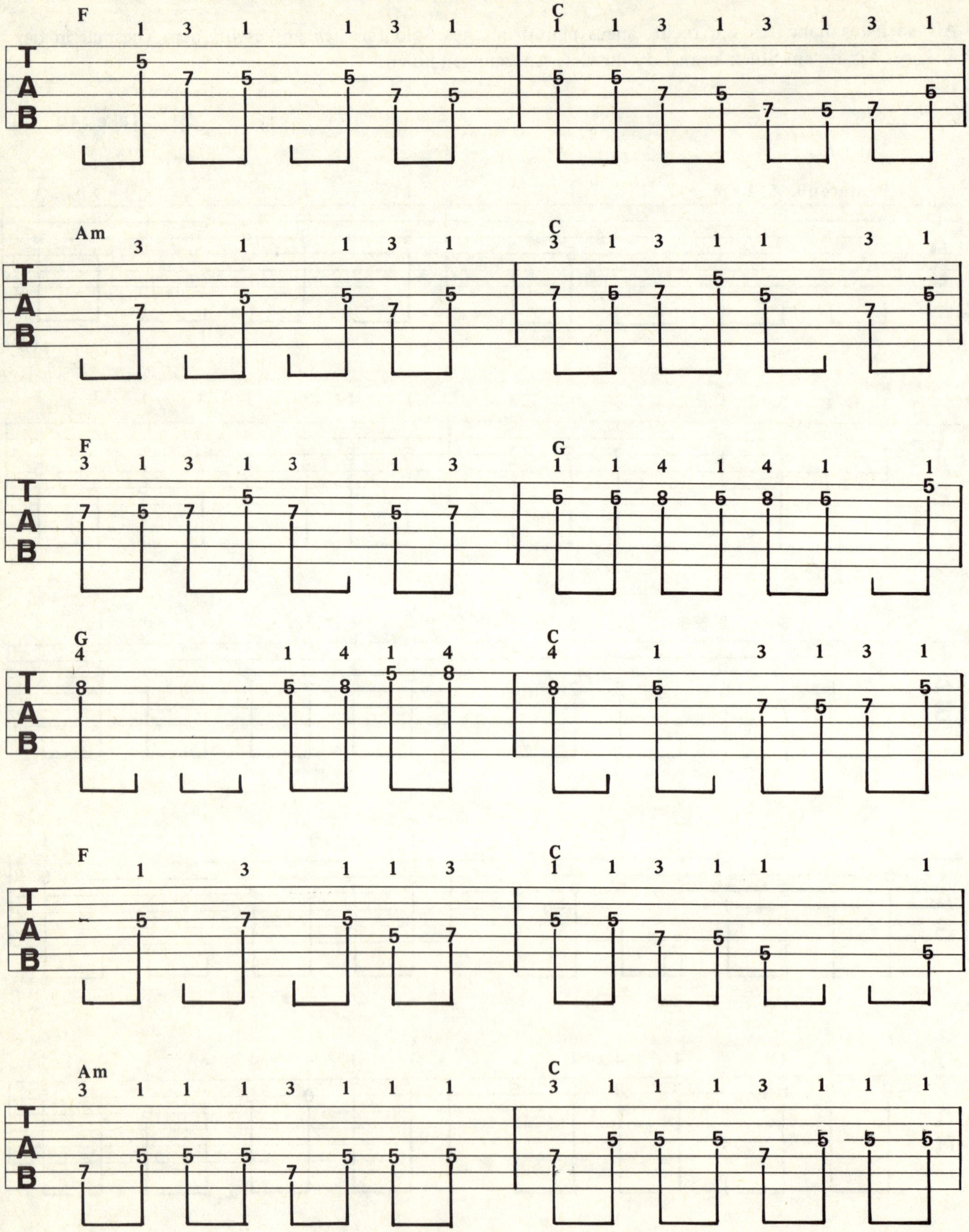
F
C
TAB
Am
C
TAB
F
G
TAB
G
C
TAB
F
C
TAB
Am
C
TAB

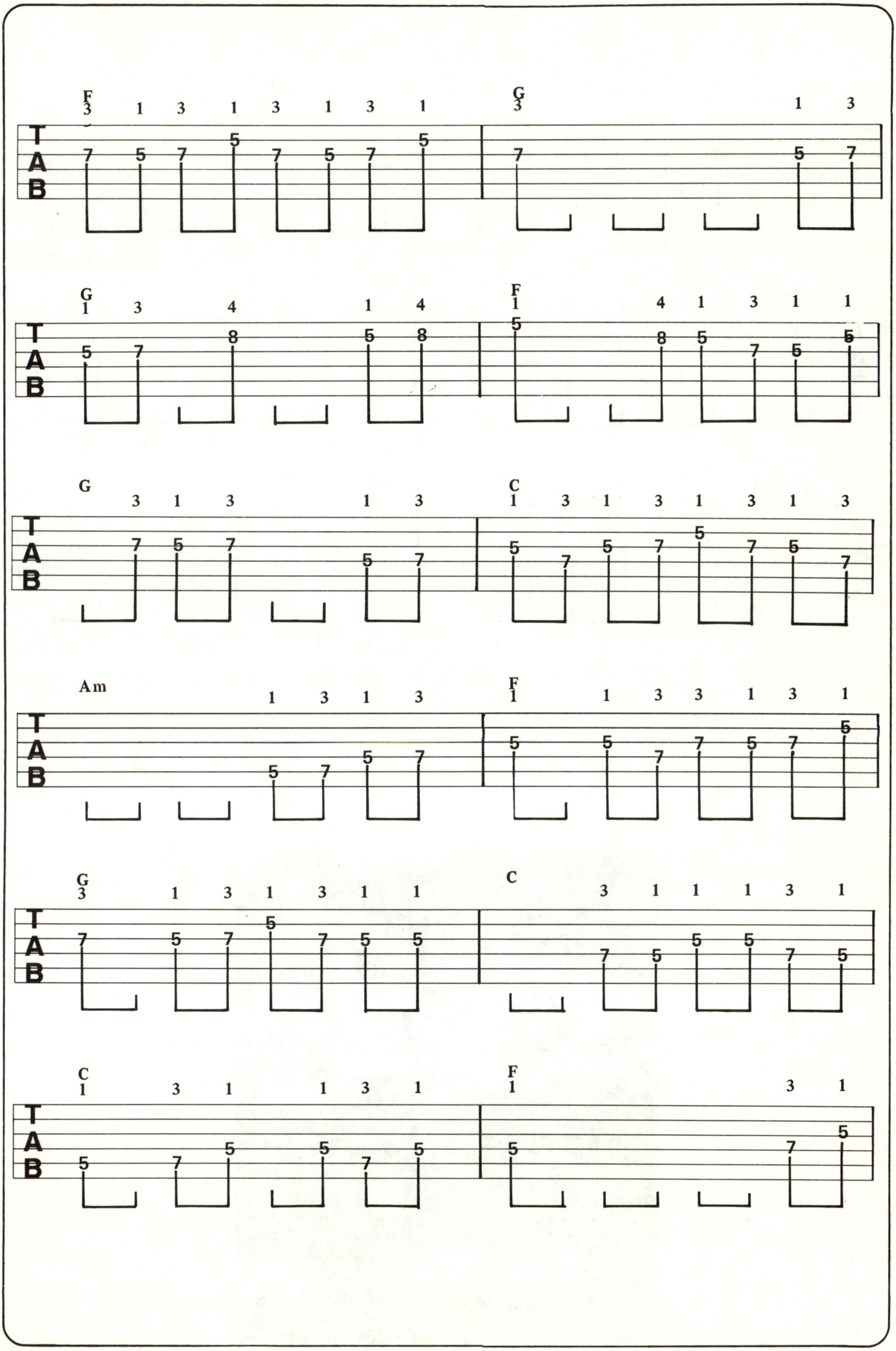
F
G
G
F
G
C
Am
F
G
C
C
F
TAB

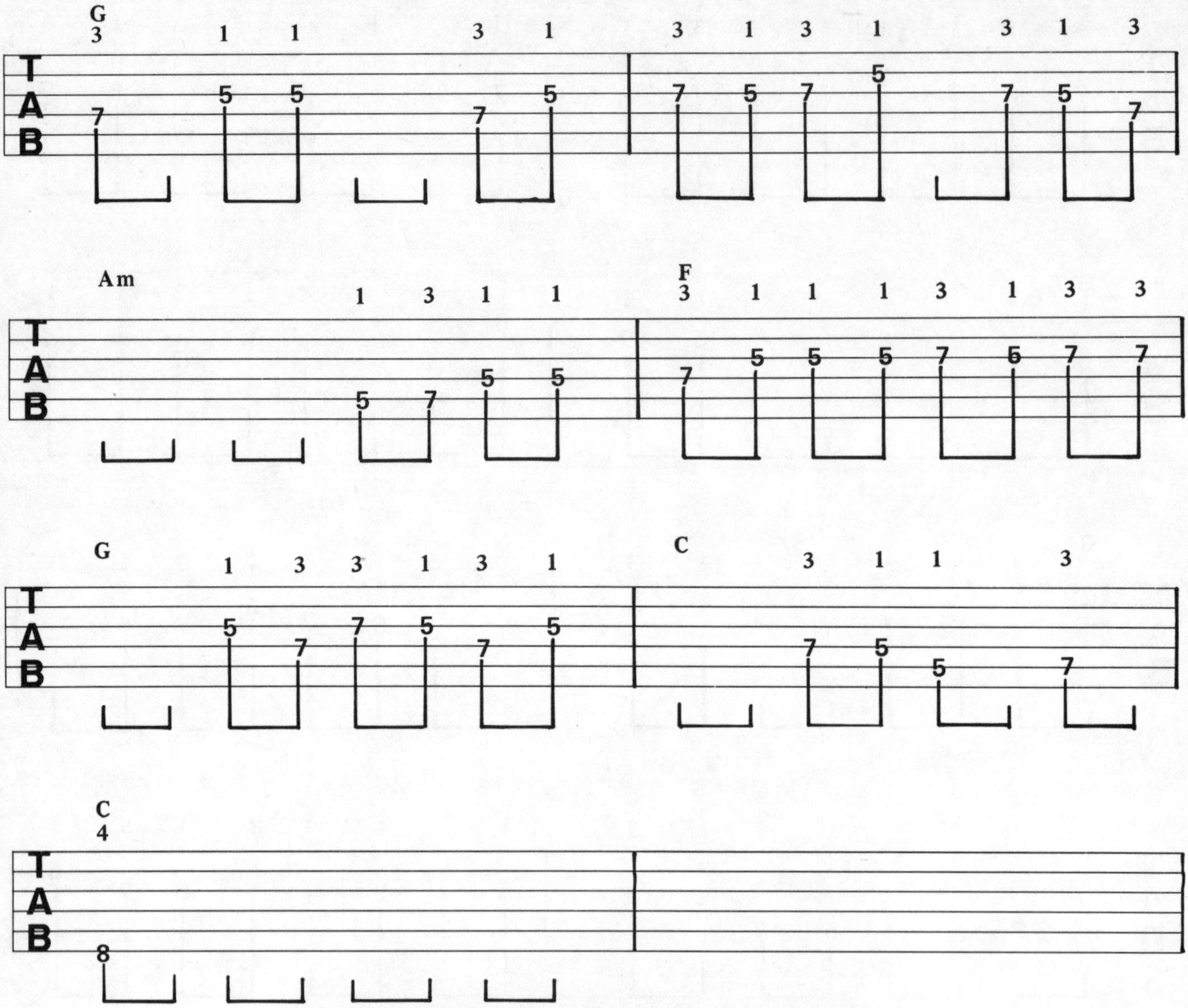
G
Am
F
G
C
C

Kapitel II

Blues

In diesem Blueskapitel improvisieren wir über eine festgelegte Akkordfolge, den Twelve Bar Blues. Das Akkordschema, das ich dir zeigen werde, ist unter Bluesern sehr aktuell. Oft allerdings wird auch noch über eine ältere Akkordfolge improvisiert, die für den Blues in C so aussieht:

/ C^7 / C^7 / C^7 / C^7 /

/ F^7 / F^7 / C^7 / C^7 /

/ G^7 / G^7 / C^7 / C^7 /

Manchmal wird der letzte Takt C^7 durch G^7 ersetzt. Welche Akkordfolge zu spielen ist, klären die Musiker per Zeichensprache oder verbal vor einem Stück. Probleme gibt es keine; denn die Bluespentatoniken passen über beide Akkordfolgen. Noch ein praktischer Hinweis: Beim Erlernen der Pentatonik merke dir stets, wo die Quarte zu den betreffenden Begleitakkorden liegt. Bei einem Blues in C wäre das der Ton F über C^7 , der Ton B über F^7 und der Ton C über G^7. Da diese Töne lang gespielt nicht angenehm klingen, solltest du sie nur kurz und lieber etwas weniger verwenden als die übrigen Tonleitertöne.

Aufbau des Septimen Akkordes

Bisher hast du nur über Dur- und Moll-Dreiklänge improvisiert. Dabei reichte die normale Buchstabenbezeichnung aus; denn jeder Musiker muß wissen, das wird ganz allgemein vorausgesetzt, daß ein Dur-Dreiklang aus großer Terz und reiner Quinte, dagegen ein Moll-Dreiklang aus kleiner Terz und reiner Quinte besteht. Wird so ein Dreiklang durch einen Ton erweitert, wird dieser zusätzliche Ton mit Hilfe der Zahlen, die du aus dem Intervallkapitel schon kennst, extra gekennzeichnet. Als ersten Akkord, der aus vier Tönen besteht, will ich dir den Septimen-Akkord erklären. Dieser Akkord hat als vierten Ton eine kleine Septime bekommen. Nehmen wir als Beispiel den G - Dur - Dreiklang und zählen von G eine kleine Septime nach oben, dann kommen wir nach F. Der vierte Ton, der aus dem G - Dur - Dreiklang den Septimen-Vierklang macht, ist das F. Der Akkord besteht also aus den Tönen G H D F.

Die allgemein übliche Akkordbezeichnung dafür ist G . Unserem Zahlensystem bei den Intervallbezeichnungen entsprechend müßte die logische und genauere Bezeichnung eigentlich G lauten, für kleine Septime. Irgendwann ist das Minuszeichen von den Bluesmusikern verschludert worden. Die haben soviel mit Septimenakkorden gespielt, daß es ihnen wohl zu lästig wurde, immer das Minuszeichen vor die 7 zu schreiben. Ohnehin weiß jeder Blueser, daß eine kleine Septime im Septimenakkord enthalten ist. Das ist gerade das Intervall, das die Bluesmusiker so sehr fasziniert. Wenn du also solch eine hochgestellte 7 siehst, dann gleich schalten. Gemeint ist eine kleine Septime. Um lästigen Irrtümern vorzubeugen, hat man darum die große Septime besonders gekennzeichnet, mit den Buchstaben maj. Damit sind keine Verwechslungen mehr möglich.
Die Bluesmusiker sind nicht nur in den Septimenakkord verliebt, sondern haben auch eine Vorliebe für eine bestimmte Reihenfolge von Septimenakkorden. Dieses feste Schema von aufeinander folgenden Akkorden nennt man Twelve Bar Blues. Eine Akkordfolge ist gemeint, die aus 12 Takten besteht. Die genaue Akkordfolge, über die heute allgemein Blues gespielt und improvisiert wird, zeige ich dir jetzt.

Twelve Bar Blues Schema

/ C^7 / F^7 / C^7 / C^7 /

/ F^7 / F^7 / C^7 / C^7 /

/ G^7 / F^7 / C^7 / G^7 /

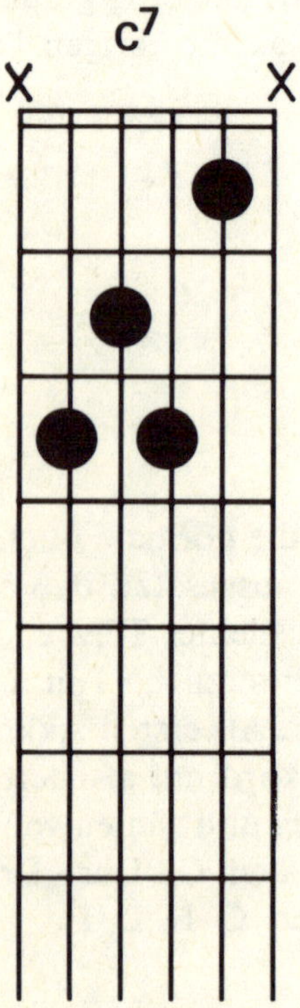

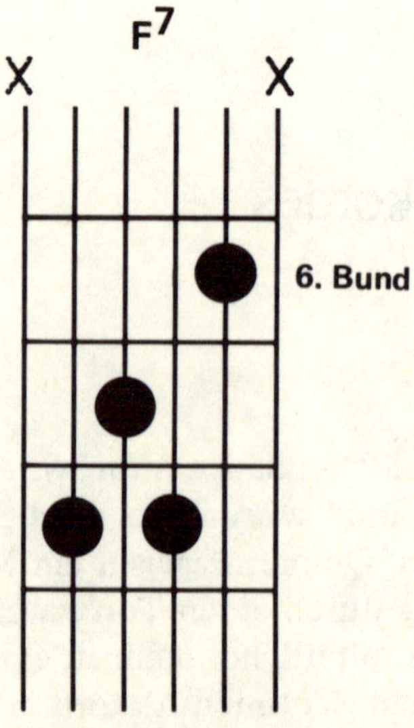

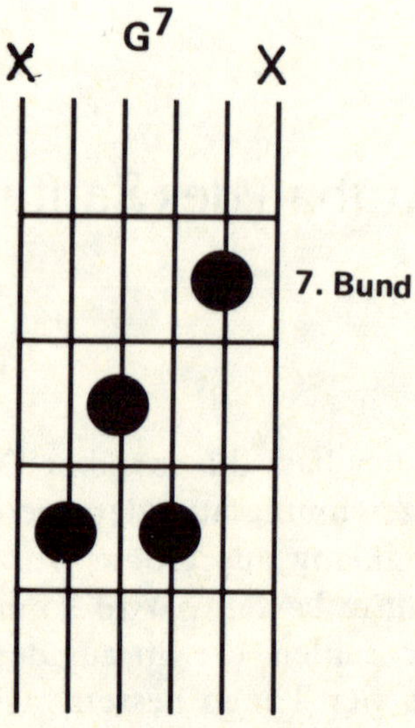

Die Blues Pentatonik

Hier dein Material, das du zum Blues spielen brauchst. Du spielst nun nicht mehr wie bisher Töne der C - Dur - Tonleiter, sondern Töne einer Tonfolge, die man Blues Pentatonik nennt. Alle Töne der Blues Pentatonik kannst du problemlos über die drei Septimenakkorde spielen, die zu einem Bluesschema gehören.

Blues Pentatonik für C – Blues

3. Lage

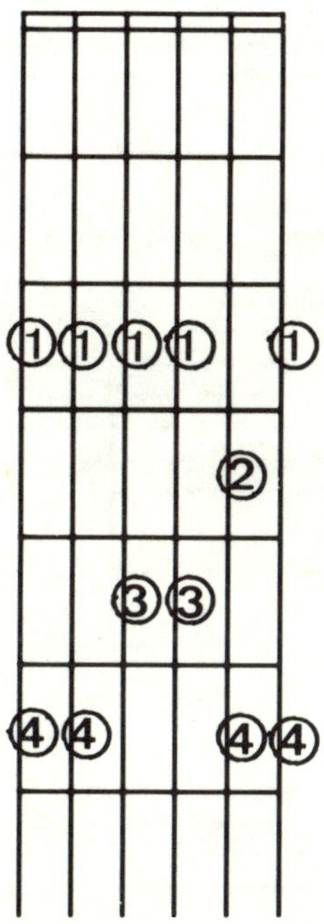

5. Lage

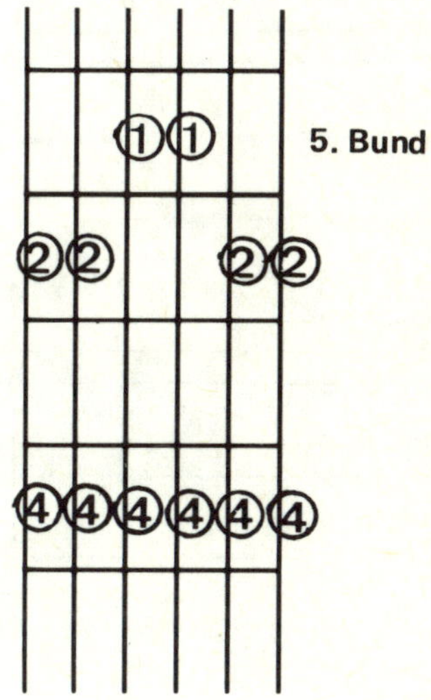

8. Lage

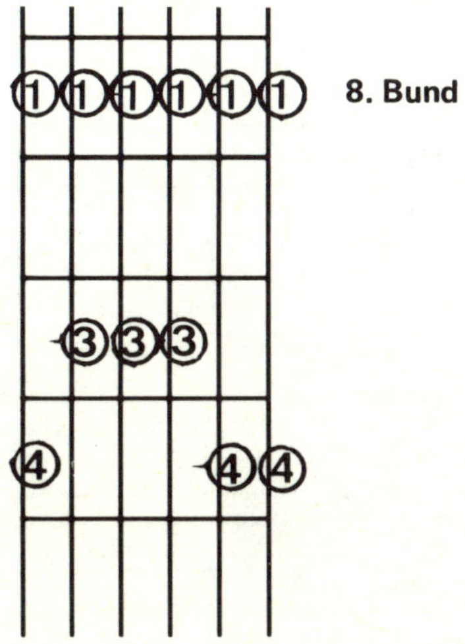

10. Lage

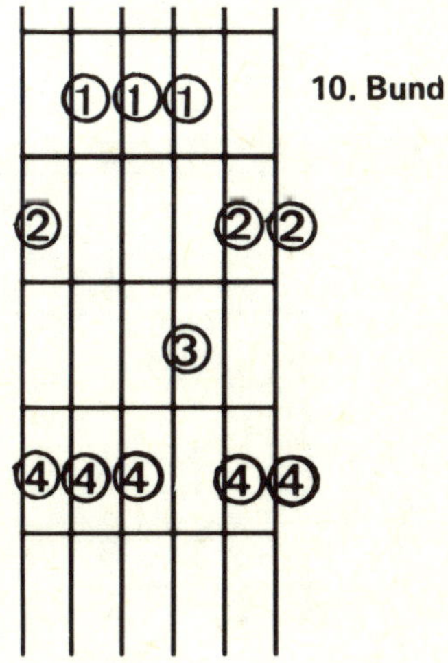

C^7 F^7 G^7

Anwendung der C-Blues Pentatonik in allen Lagen

Über das folgende Beispiel habe ich keine Akkorde geschrieben. Wer Blues spielen will, muß diese Akkordfolge auswendig drauf haben. Wenn du das Bluesschema noch nicht auswendig kannst, schau nochmal nach auf Seite 74.

3. Lage

★ **Take 11**

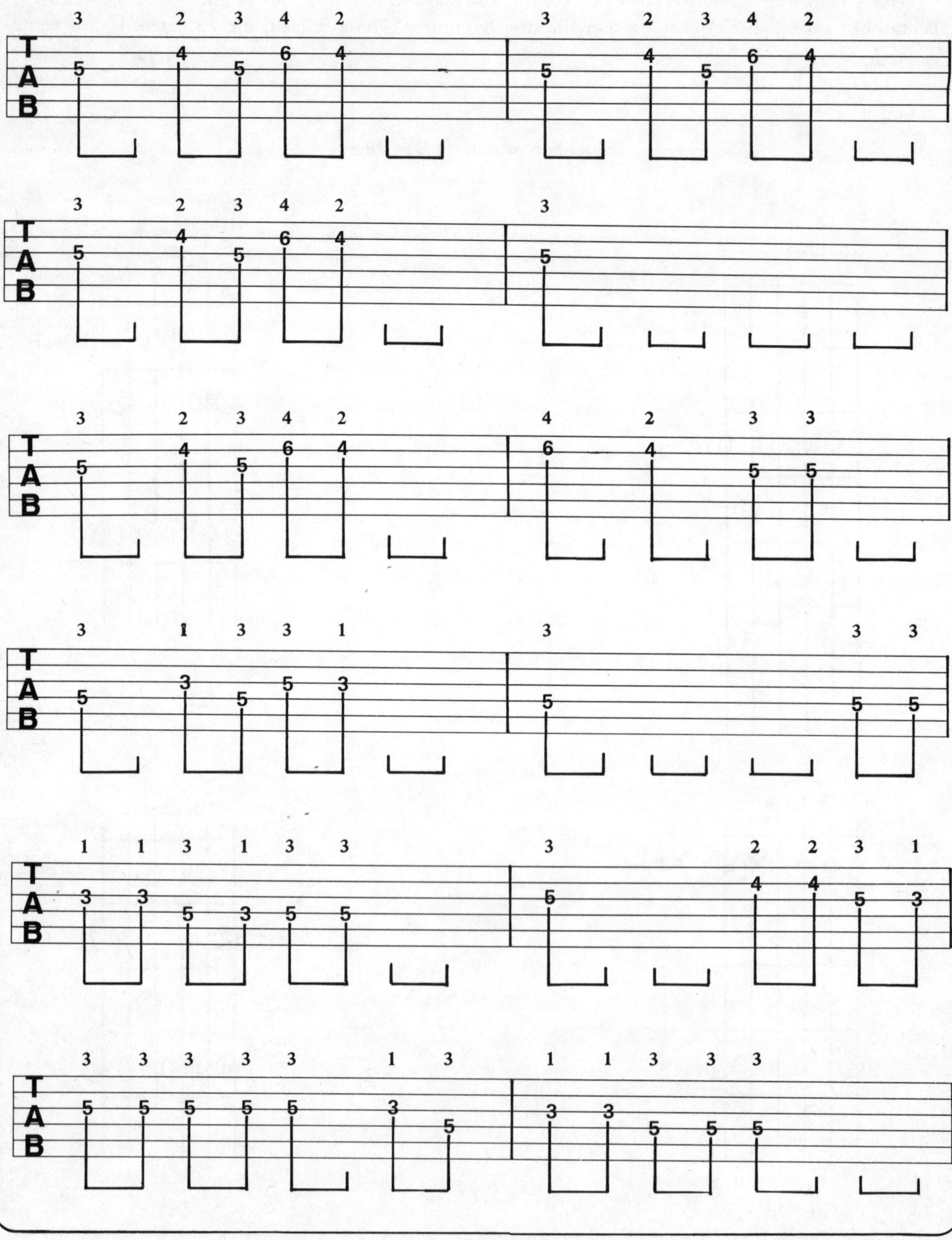

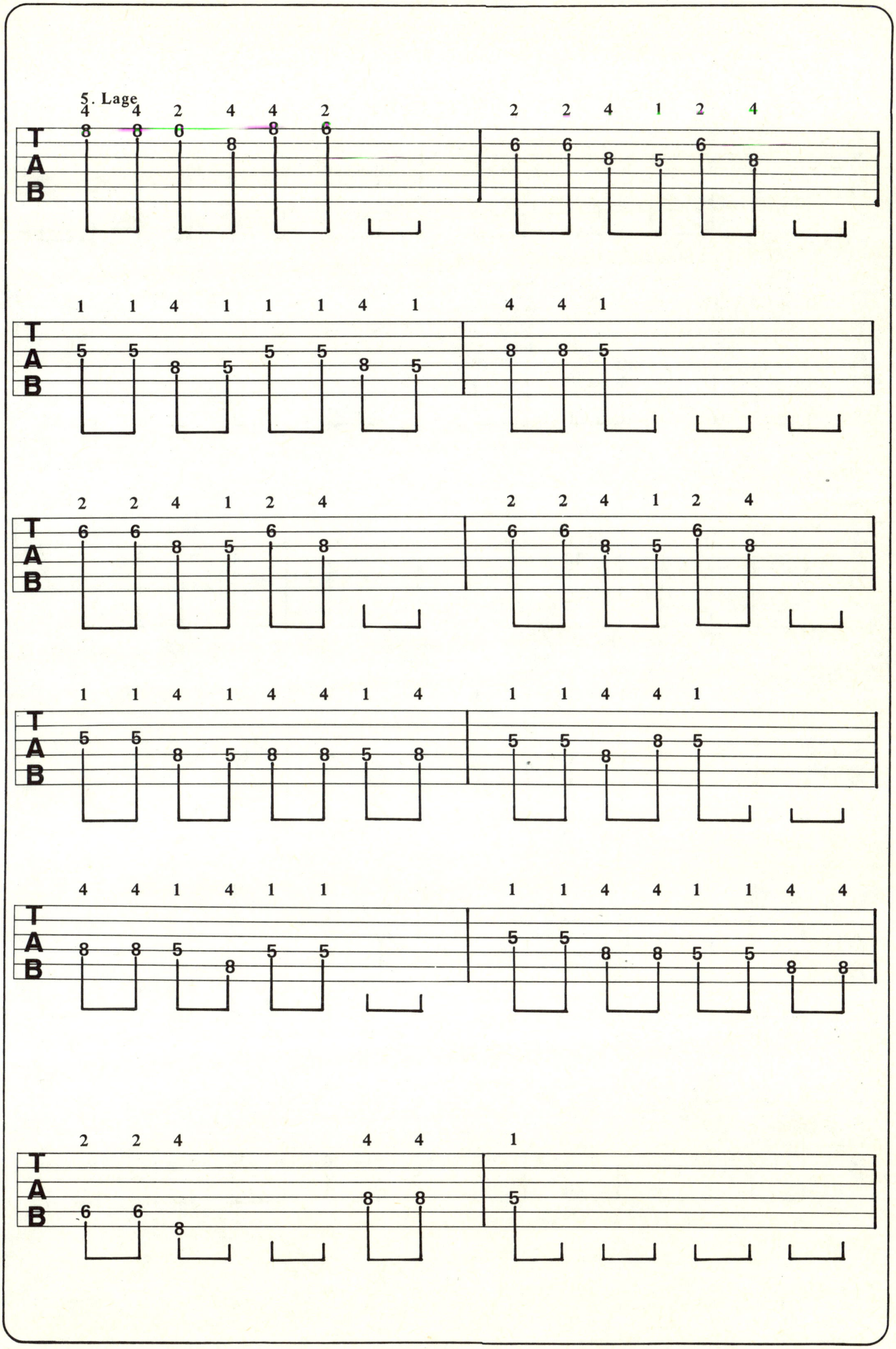
5. Lage

8. Lage

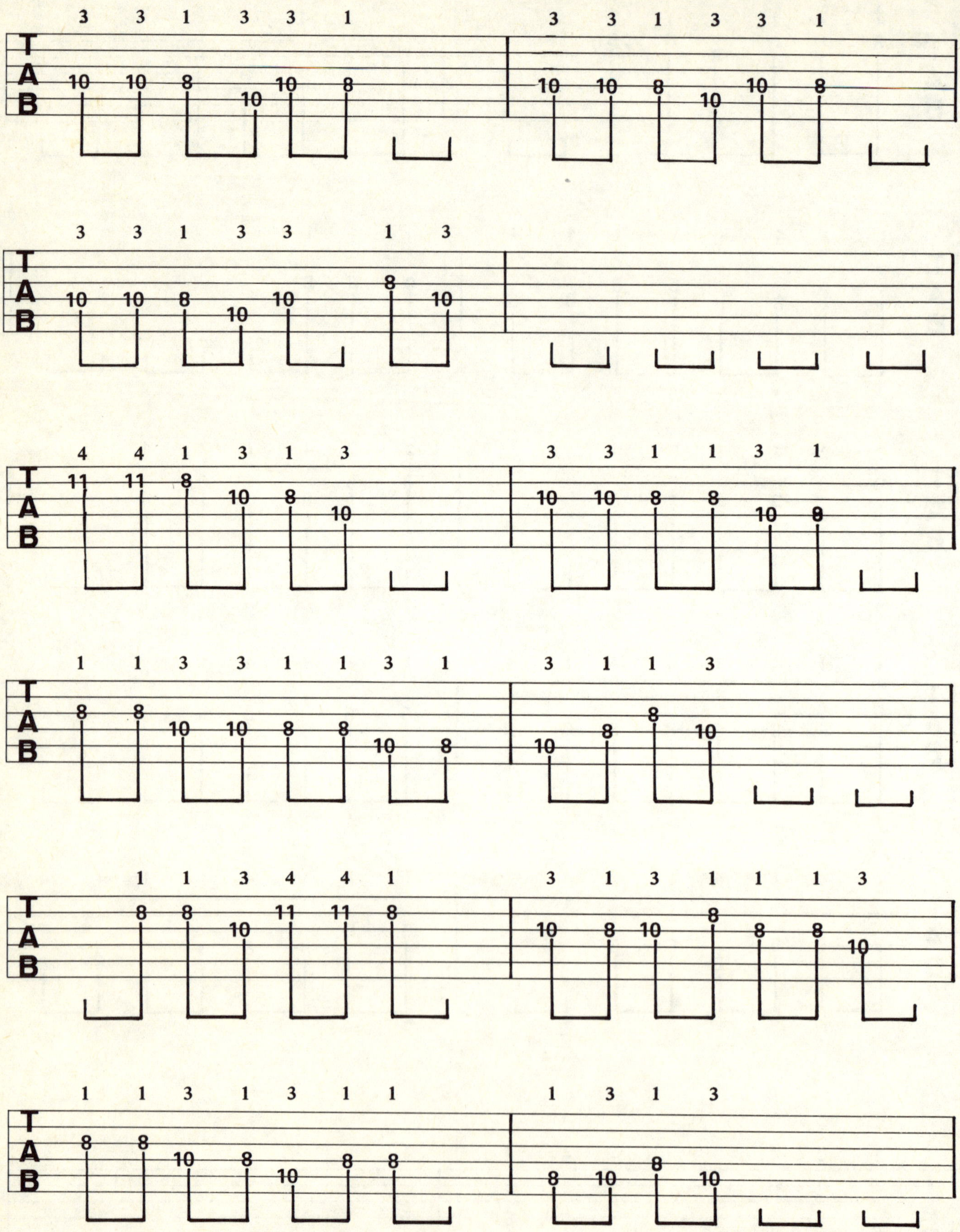

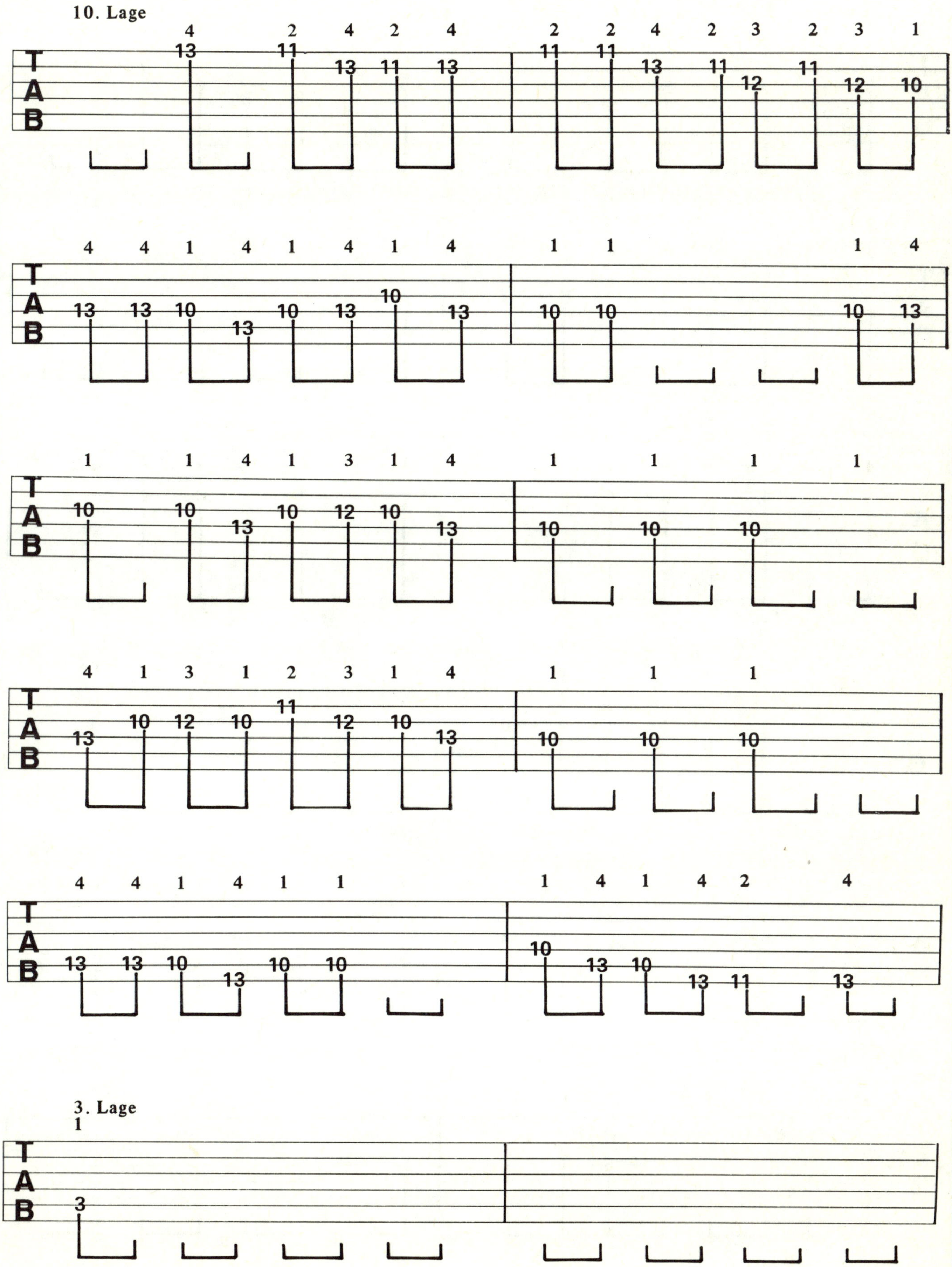
10. Lage
3. Lage

3. Lage

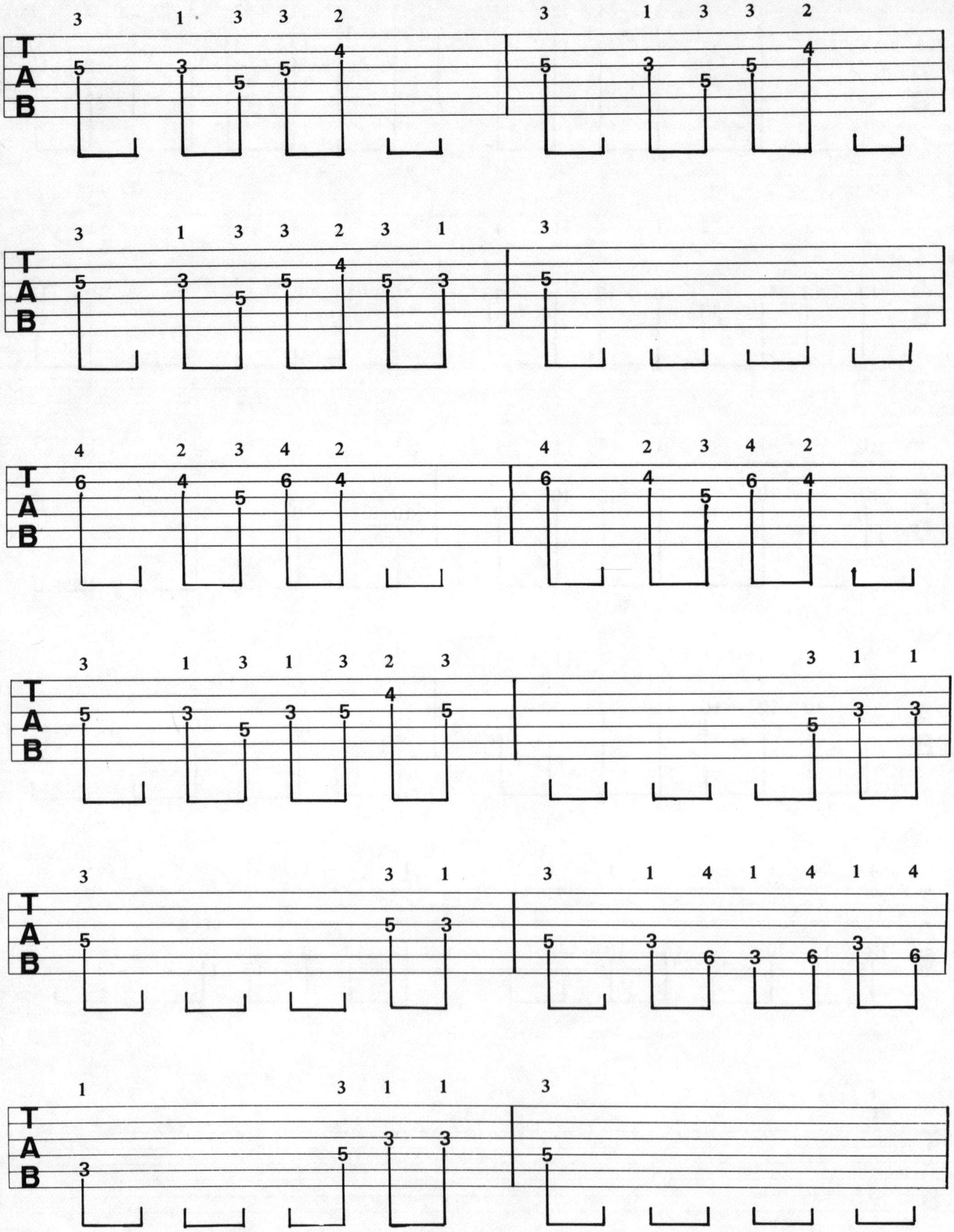

5. Lage

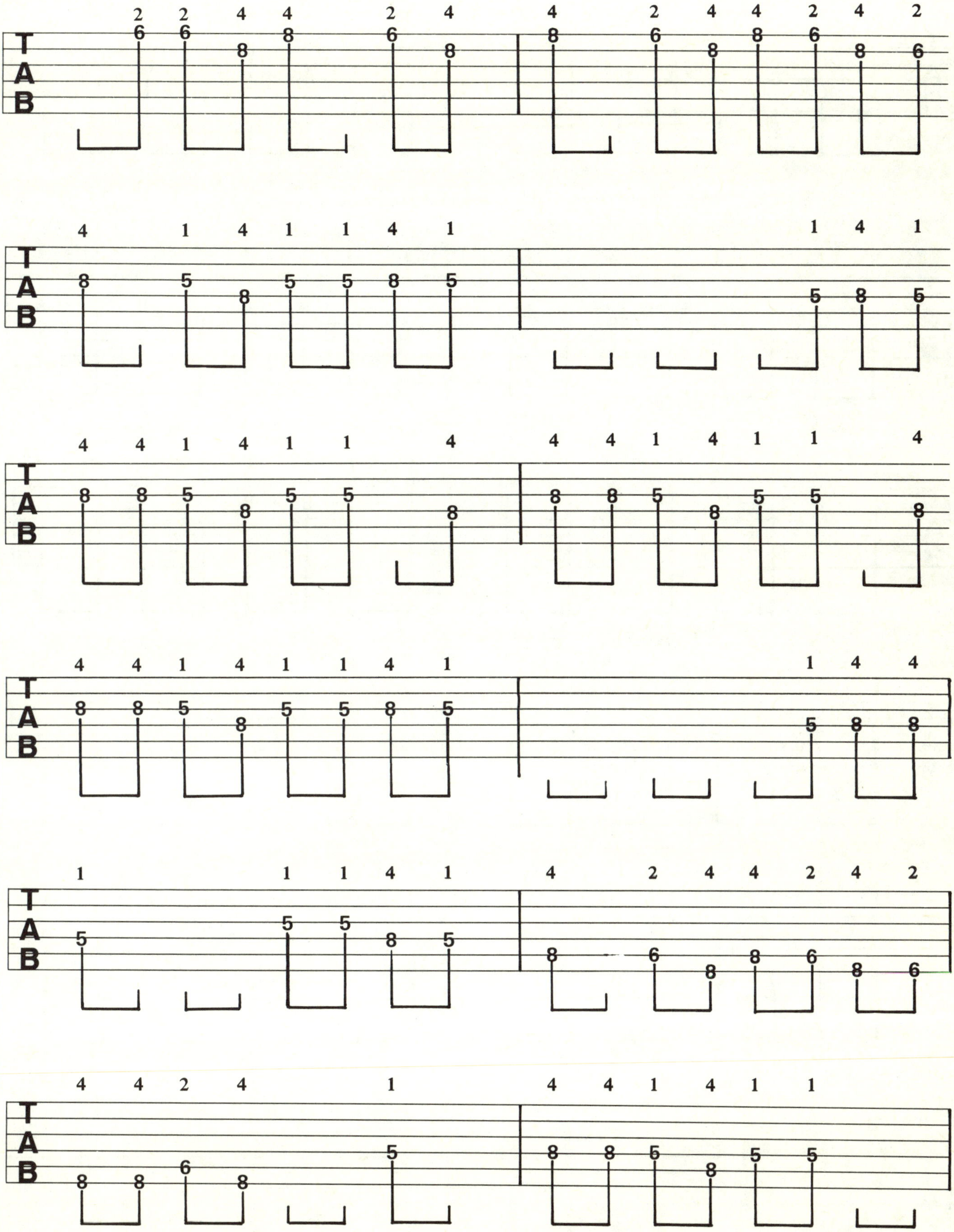

8. Lage

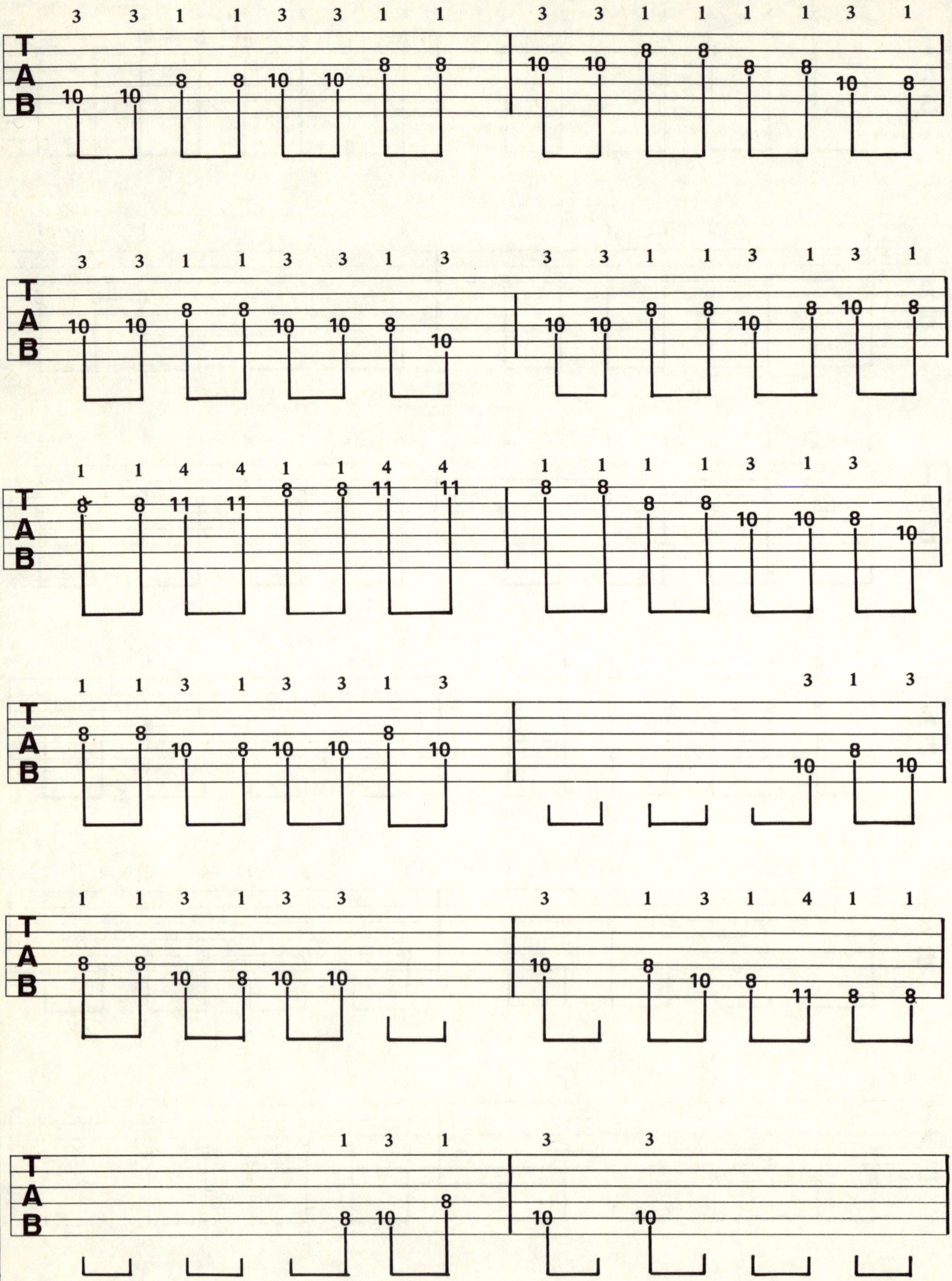

10. Lage

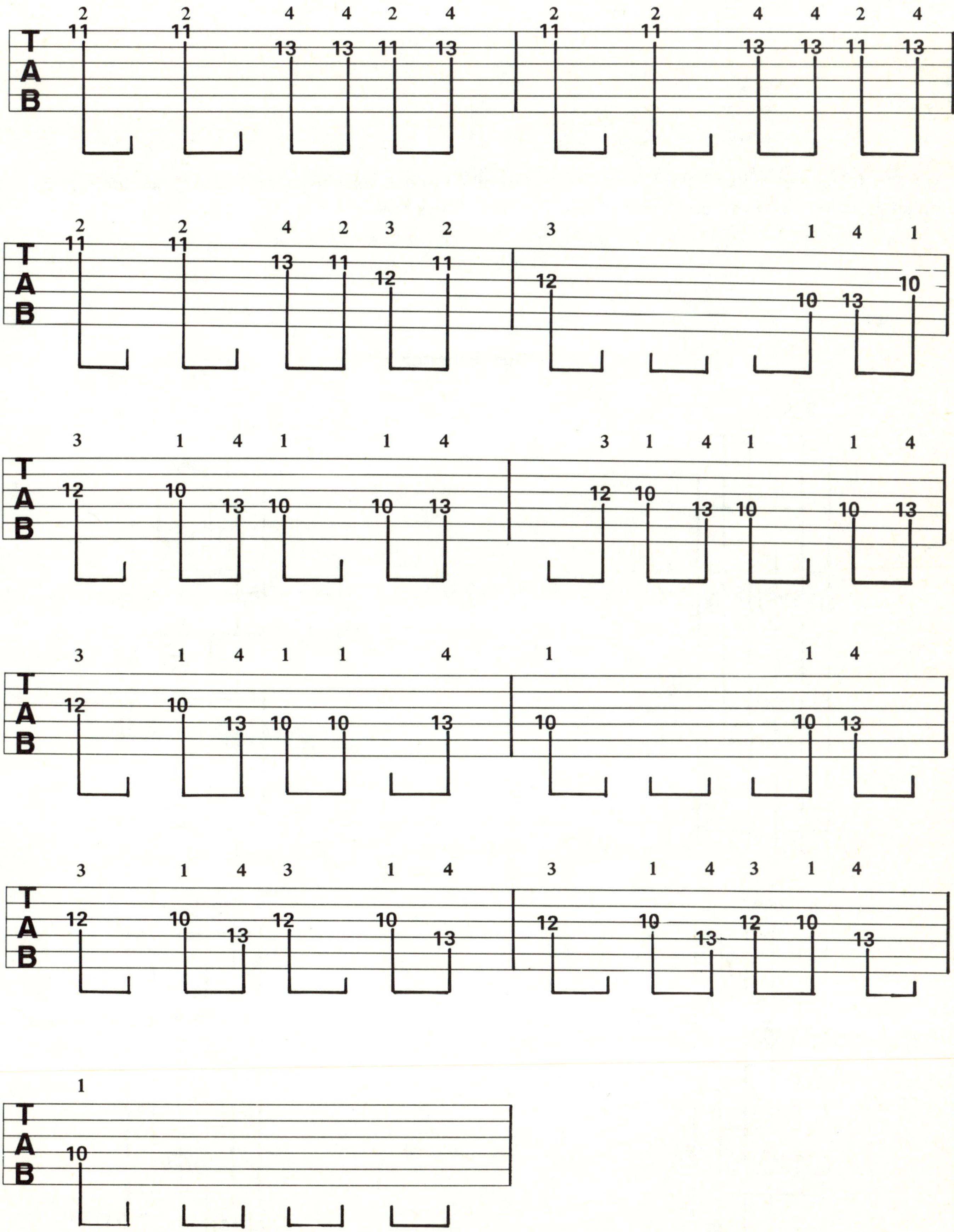

Pentatonik für Blues in G, Blues in D, Blues in A, Blues in Blues B, Blues in E und Blues in F

Auf den folgenden Seiten habe ich dir die Pentatoniken in den verschiedenen Lagen für mehrere Tonarten aufgeschrieben. Nun kannst du in vielen Tonarten Blues spielen.

G – Blues Pentatonik

3. Lage

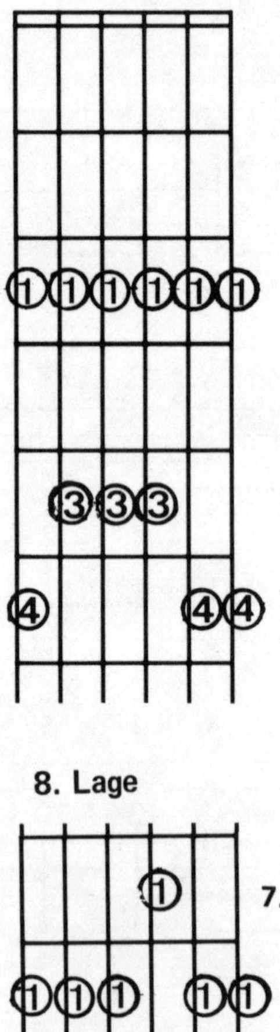

5. Lage

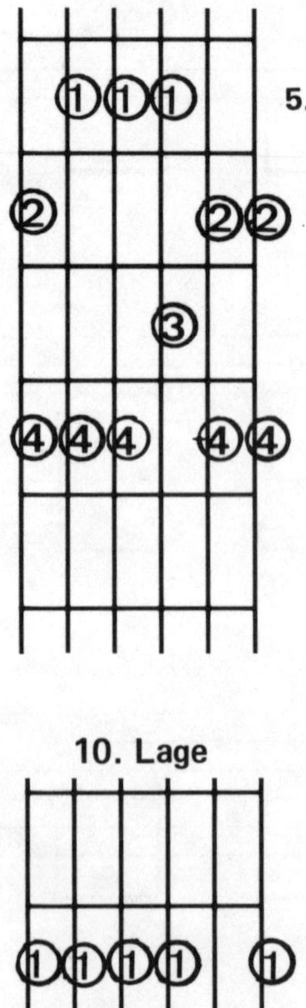

5. Bund

8. Lage

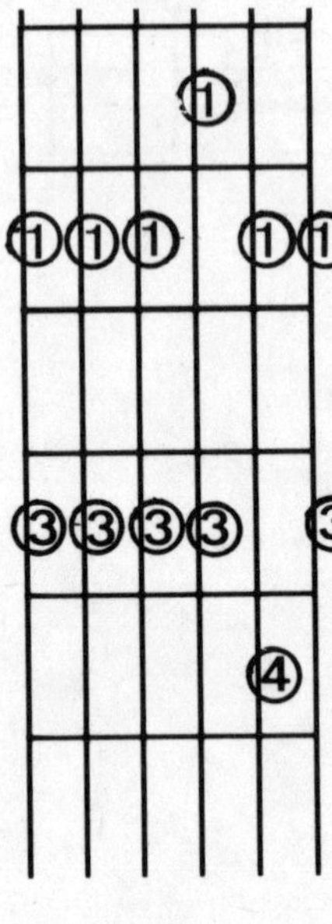

7. Bund

10. Lage

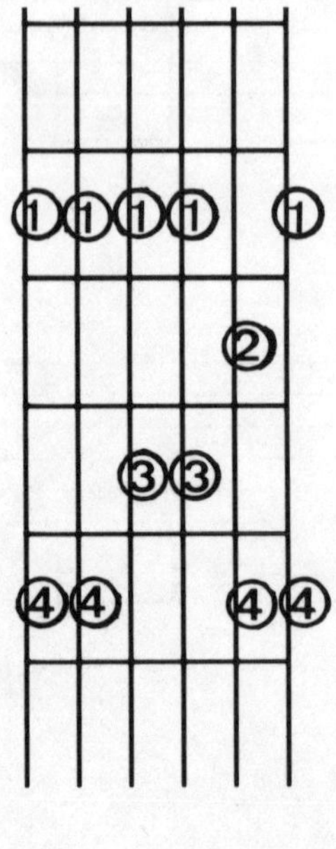

10. Bund

G^7 C^7 D^7

D – Blues Pentatonik

Kombination aus
2. und 3. Lage

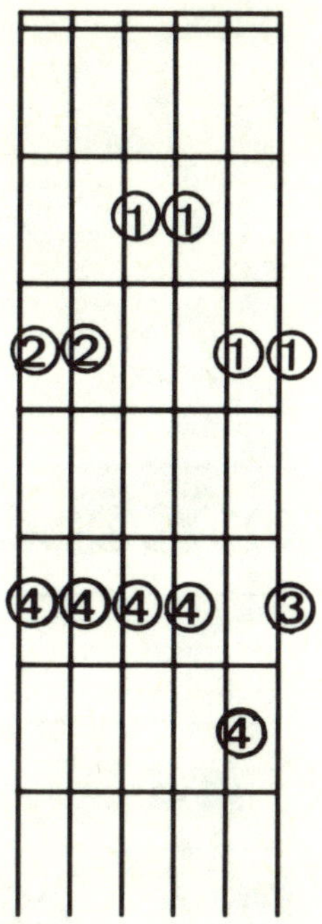

5. Lage

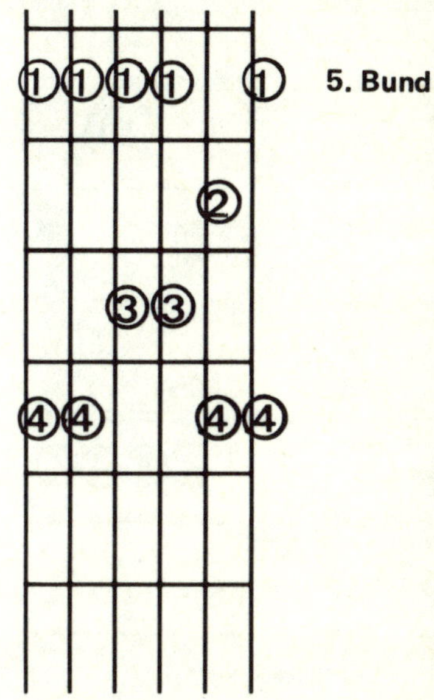

7. Lage

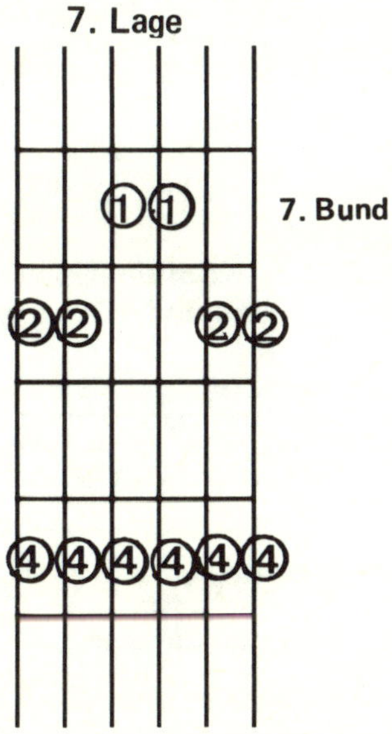

10. Lage

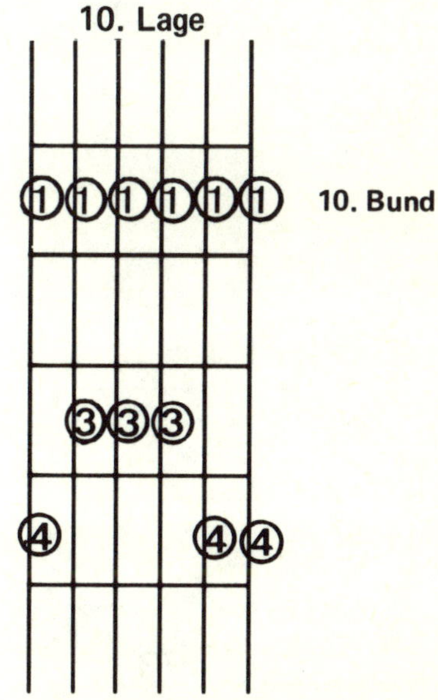

D^7 G^7 A^7

A – Blues Pentatonik

A^7 D^7 E^7

2. Lage

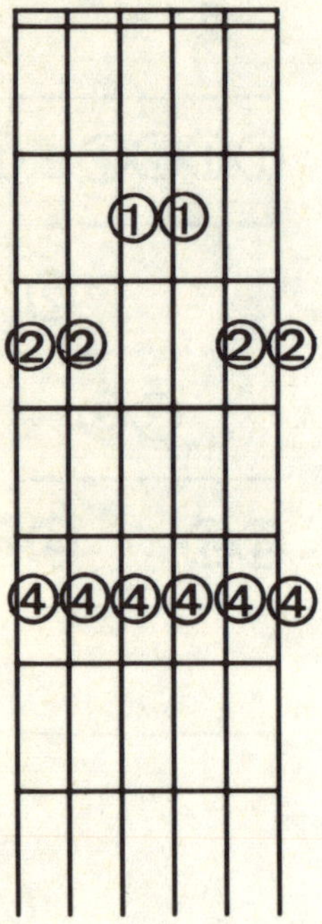

5. Lage

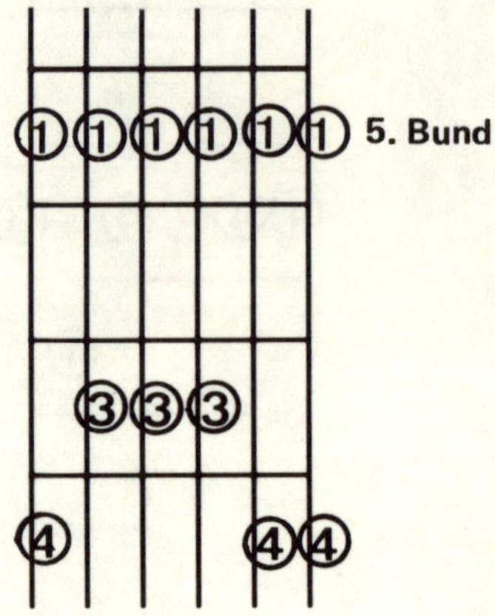

7. Lage

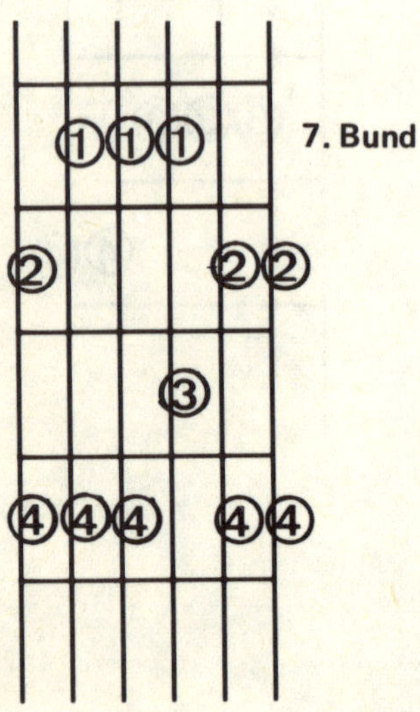

Kombination aus
9. und 10. Lage

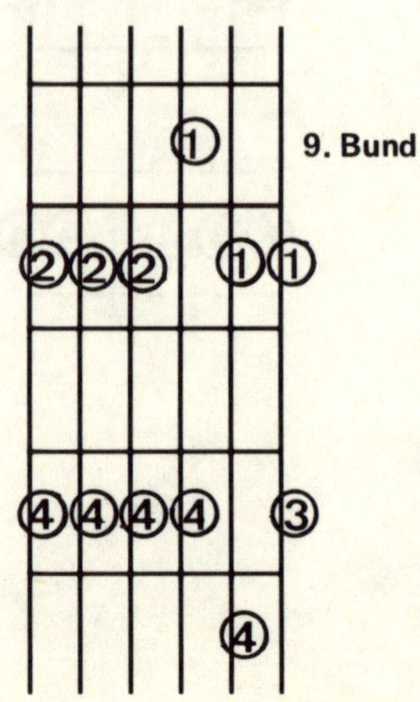

(Blues in B alle Lagen um
1. Bund nach oben verschieben.)

B^7 Eb^7 F^7

E – Blues Pentatonik

2. Lage

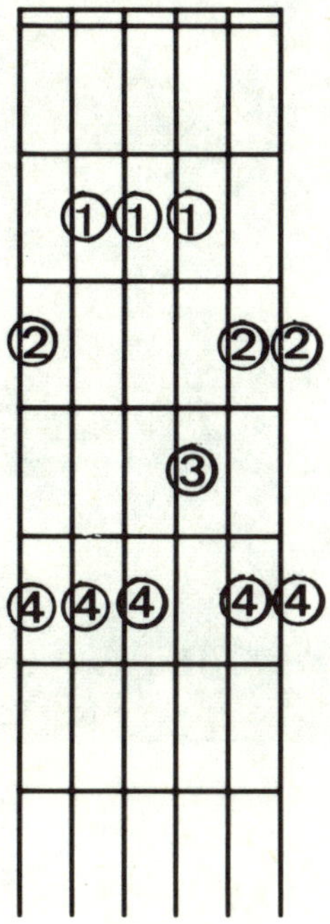

5. Lage

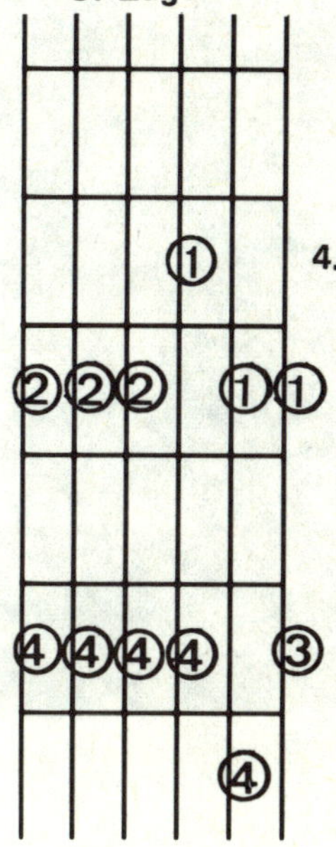

4. Bund

7. Lage

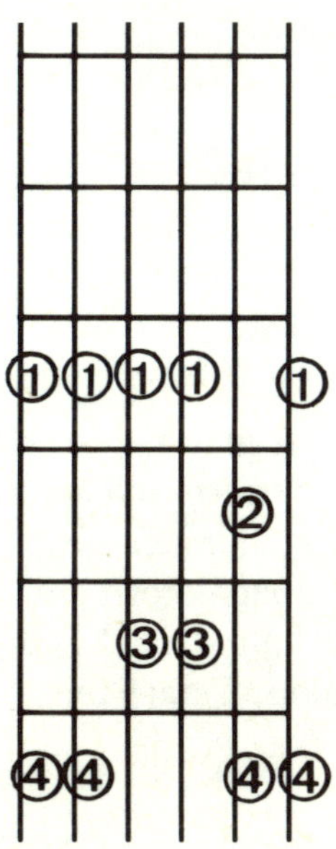

7. Bund

9. Lage

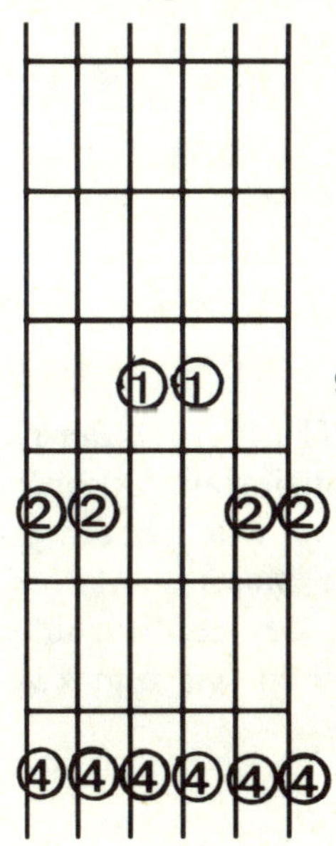

9. Bund

(F – Blues alle Lagen einen Bund höher verschieben)

F^7 B^7 C^7

Kapitel III

Latin-Jazz

Mit den Klangfarben der nächsten Akkorde näherst du dich der Jazzmusik. Oft hat man zu viel Respekt vor komplizierten Akkordbezeichnungen, und man glaubt, diese Jazzakkorde wären irre schwer zu greifen. Darum will ich dir ganz leichte Akkordgriffe zeigen, die aber schon jazzig klingen. Sehr schön klingt ein Major^7- Akkord, abgekürzt maj^7. Er unterscheidet sich vom Septimenakkord nur durch die Größe des Septimenintervalls, das jetzt einen Halbtonschritt größer ist. Innerhalb der C - Dur - Tonleiter können wir nun zwei maj^7- Akkorde aus tonleitereigenen Tönen aufbauen, Cmaj^7 und Fmaj^7.

Aufbau eines Major Akkordes

Du sollst nun noch einige interessante Akkordklänge kennenlernen. Sehr schön klingt ein Major^7–Akkord, abgekürzt "maj^7".
Er unterscheidet sich vom Septimenakkord nur durch die Größe des Septimenintervalls, das jetzt einen Halbtonschritt größer ist. Innerhalb der C - Dur - Tonleiter können wir nur zwei "maj"–Akkorde aus tonleitereigenen Tönen aufbauen. Cmaj^7 und Fmaj^7. Mit solchen Akkordklängen näherst du dich der Jazzmusik.

Improvisation über Cmaj^7, Dm^7 und G^7 mit C-Dur Tonleitertönen in der 7. Lage

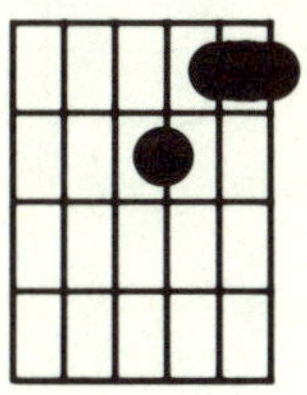

Take 12

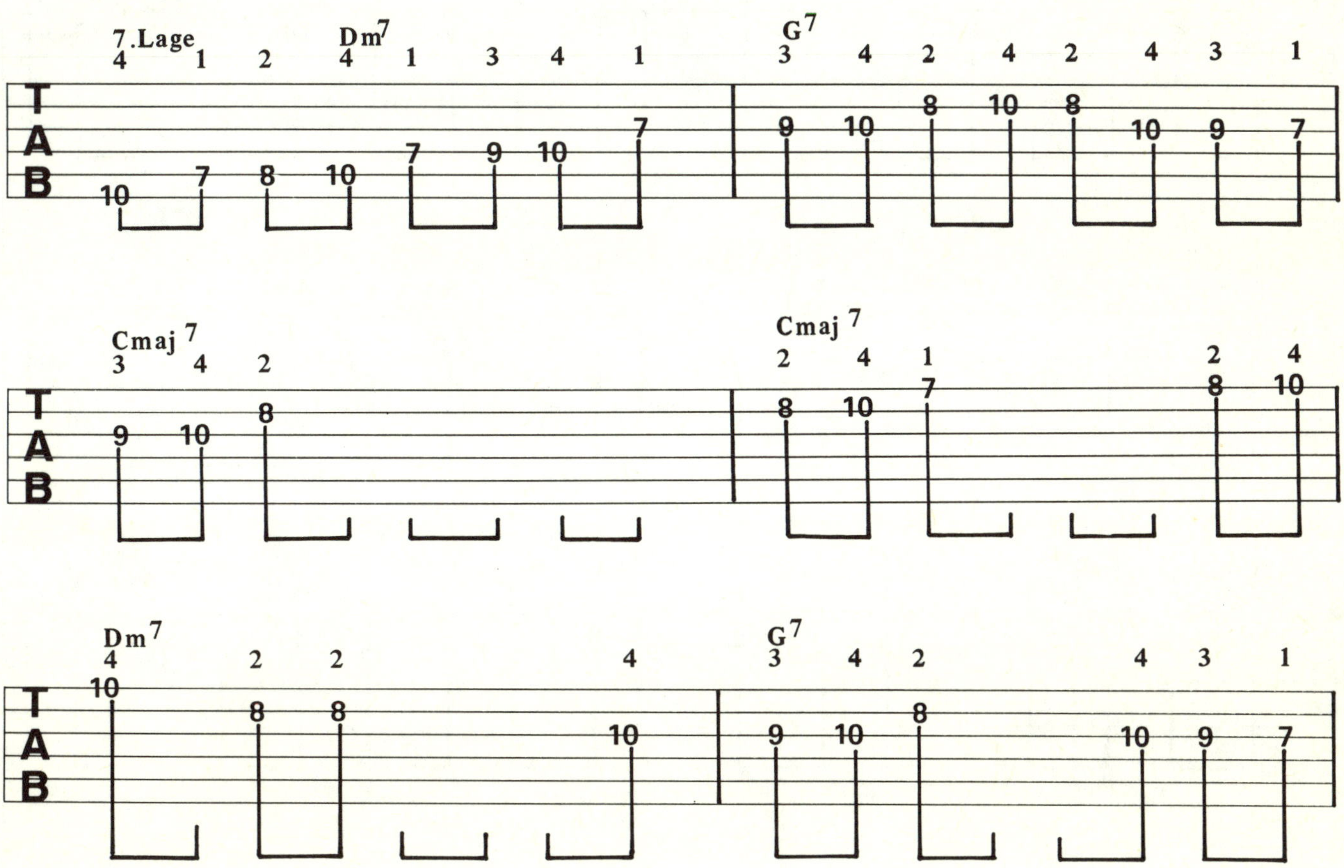

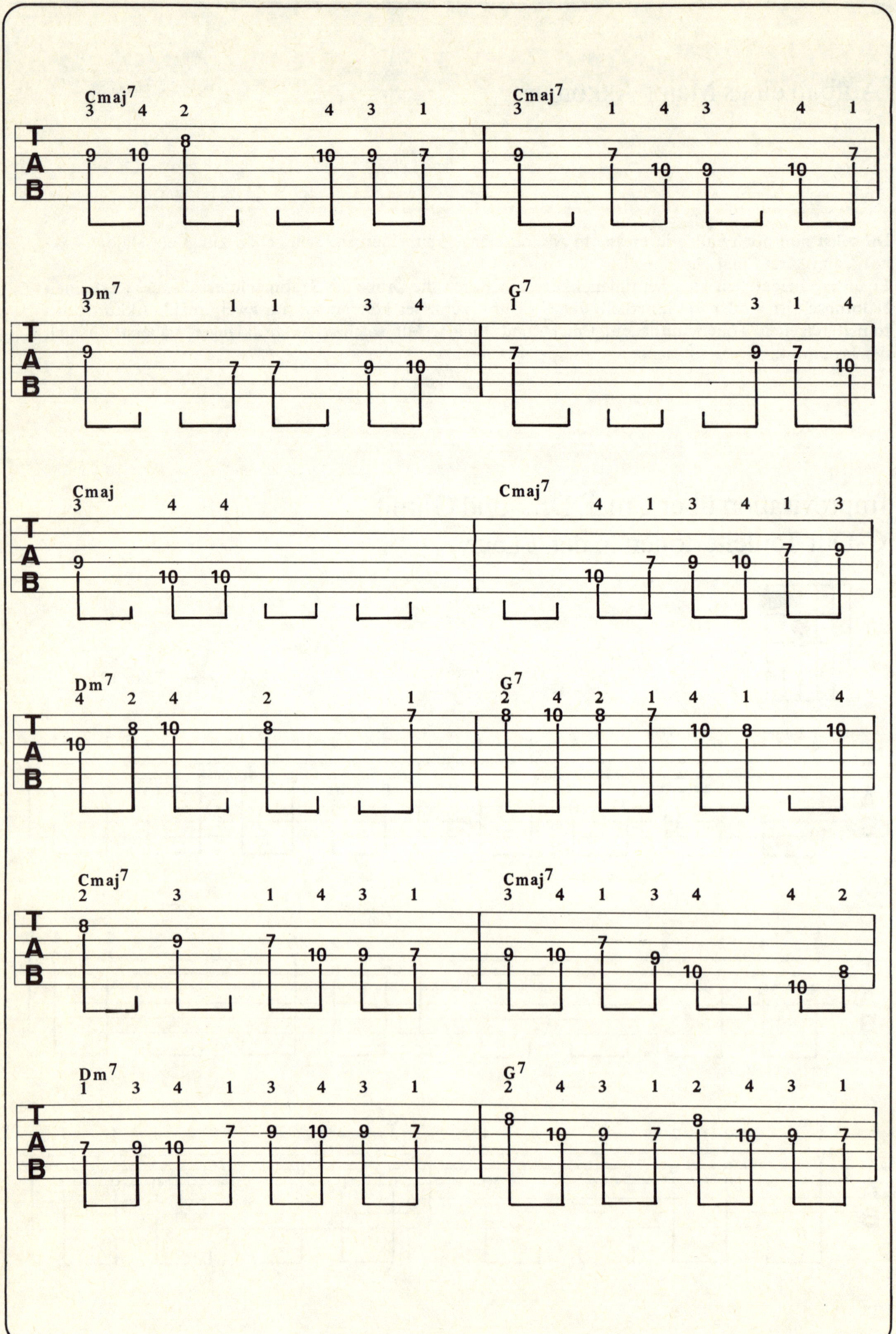
Cmaj7
Cmaj7
TAB
Dm7
G7
TAB
Cmaj
Cmaj7
TAB
Dm7
G7
TAB
Cmaj7
Cmaj7
TAB
Dm7
G7
TAB

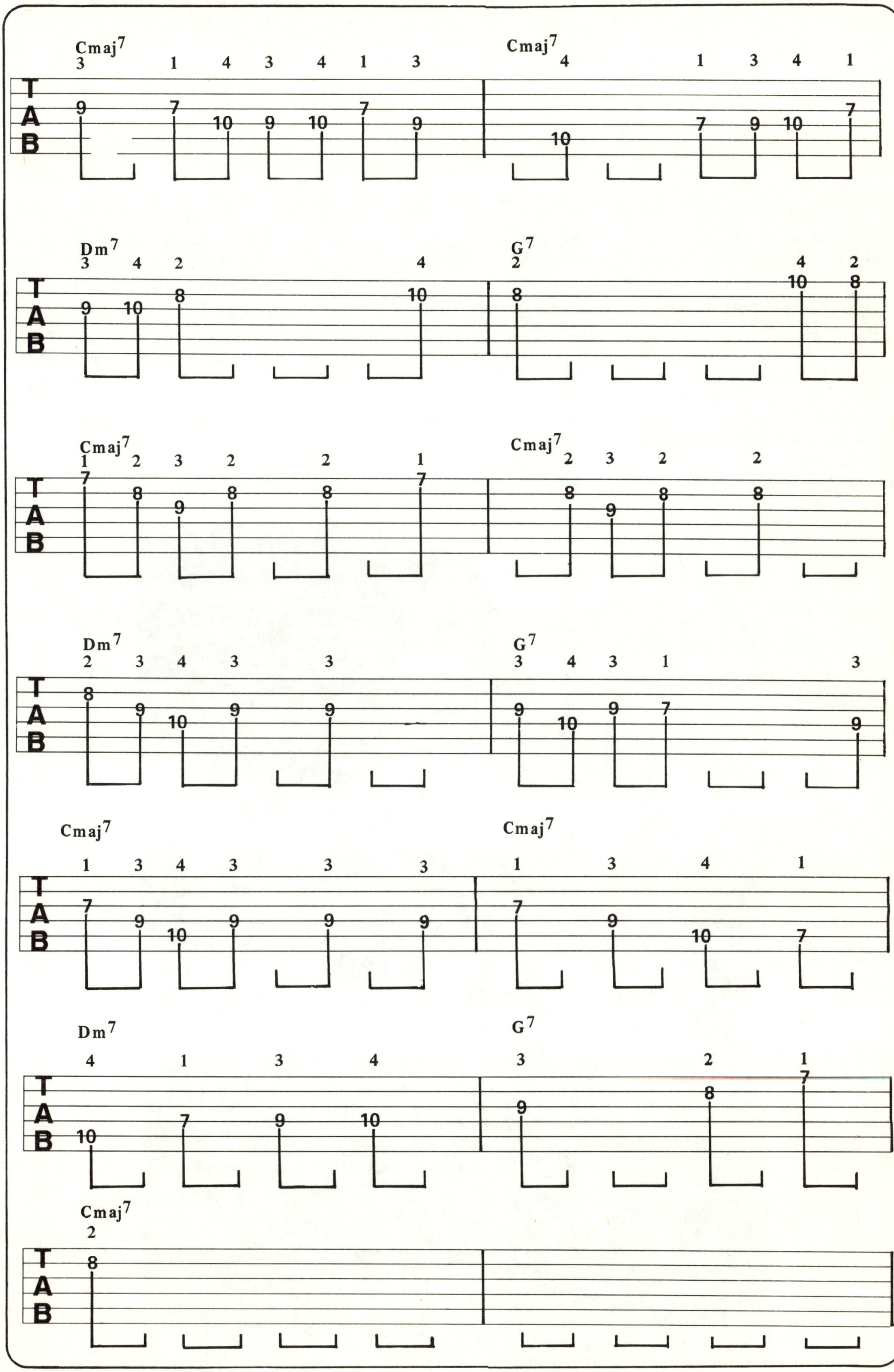
Cmaj7 Cmaj7
Dm7 G7
Cmaj7 Cmaj7
Dm7 G7
Cmaj7 Cmaj7
Dm7 G7
Cmaj7

Aufbau eines Nonenakkordes

Mit den nächsten Akkorden erreichst du noch eindrucksvollere Klangbilder. Bei Akkorden, die aus mehr Tönen bestehen als unsere anfänglichen Dreiklänge, steht genau bezeichnet, welches Intervall zum Dreiklang hinzukommt. Wir nehmen jetzt einmal zum G - Dur - Dreiklang eine große Sexte E. Das klingt vielleicht etwas ungewohnt, ist aber reizvoll. Geschrieben wird der Akkord G^6.
Bei Akkorden, die aus fünf Tönen bestehen, werden zwei Intervallangaben an den Dreiklang geschrieben, z. B. $Dm^{7/9}$. Hier haben wir einen Dm-Dreiklang, der durch eine kleine Septime und eine große None erweitert ist, also C und E. Zum Schluß improvisiere einmal über die Akkorde $Dm^{7/9}$, G^6 und $Cmaj^7$ mit den Tönen der C - Dur - Tonleiter.

Hier eine von vielen Möglichkeiten.

Improvisation über Jazzakkorde

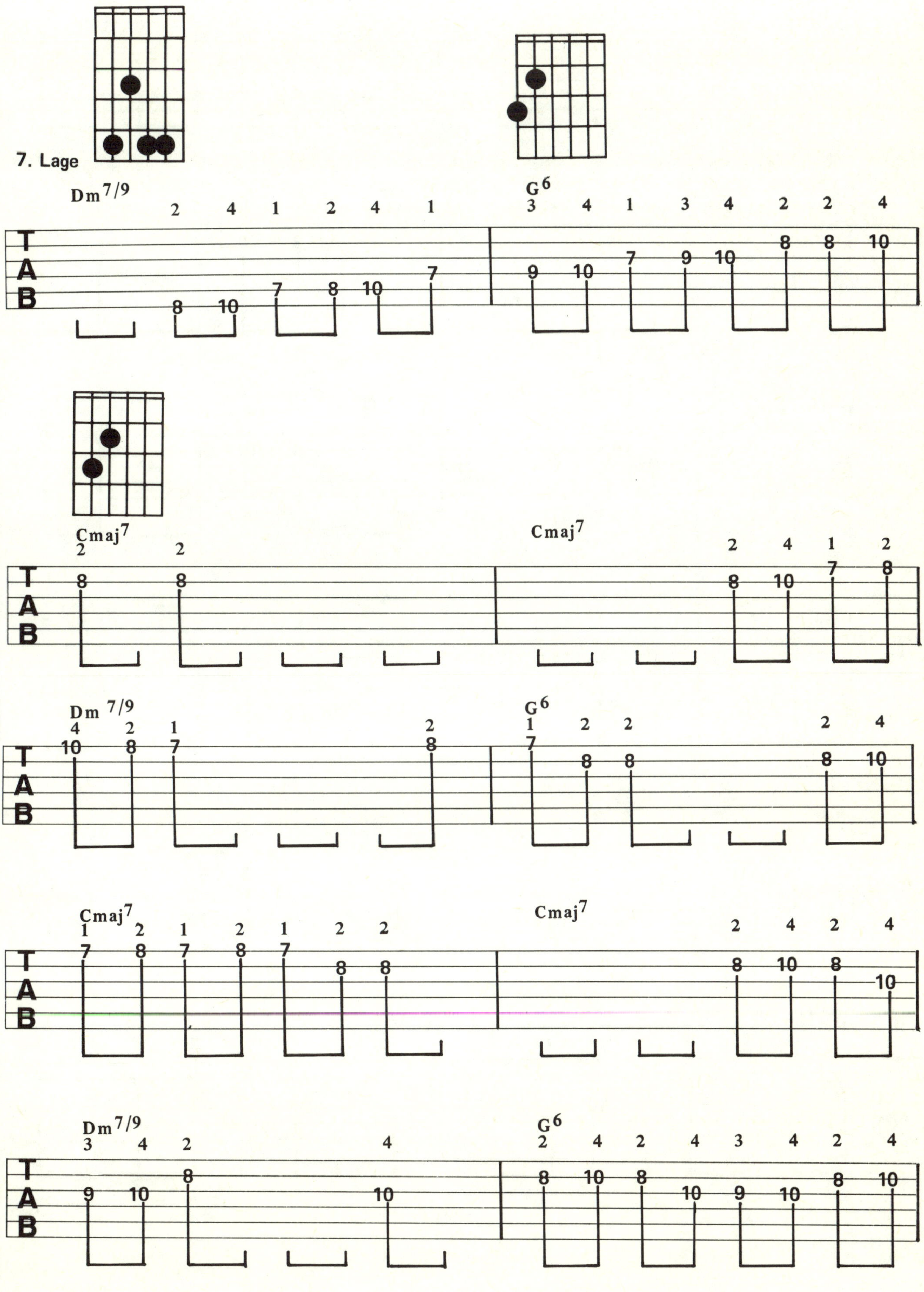

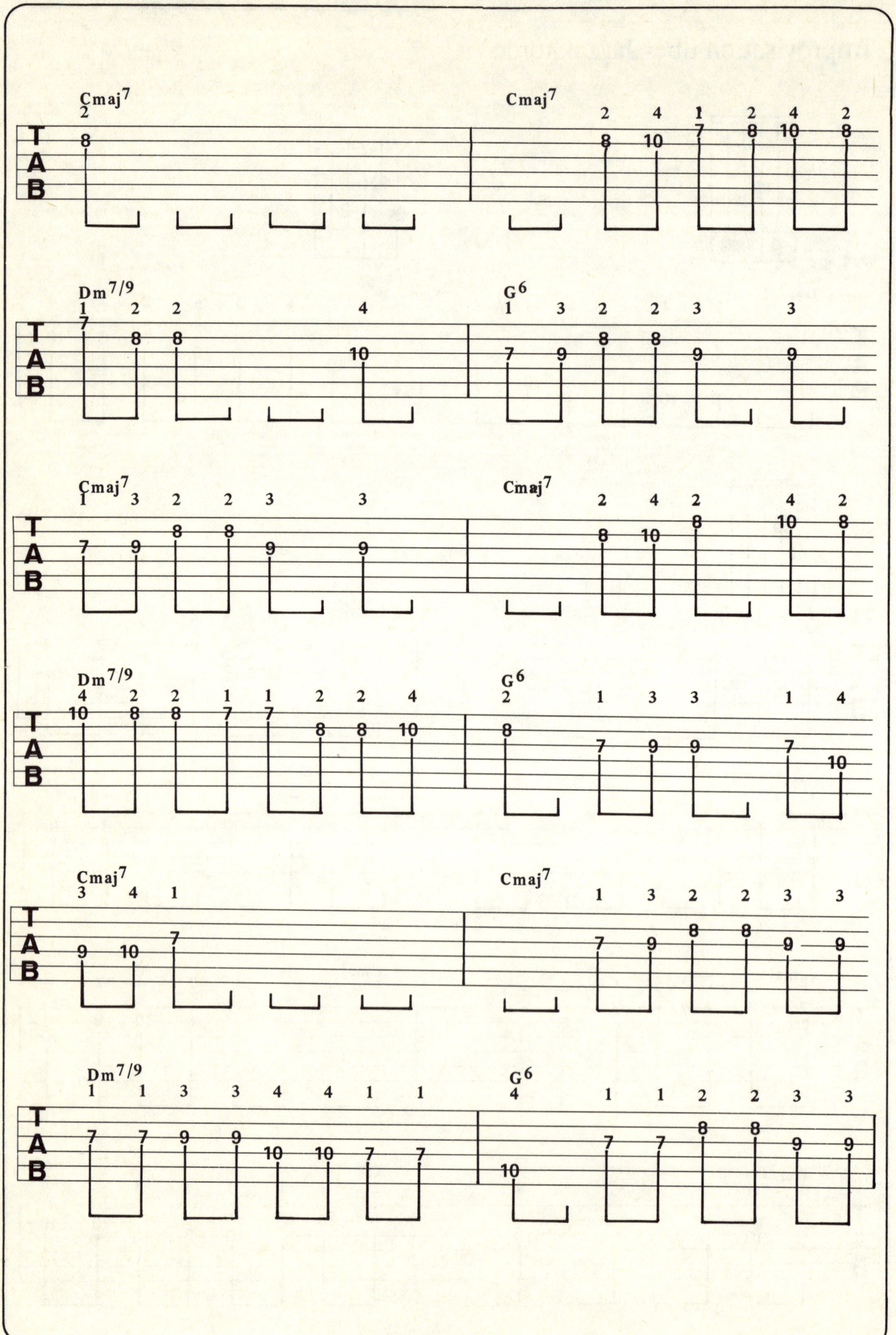
Cmaj7
Cmaj7
Dm7/9
G6
Cmaj7
Cmaj7
Dm7/9
G6
Cmaj7
Cmaj7
Dm7/9
G6

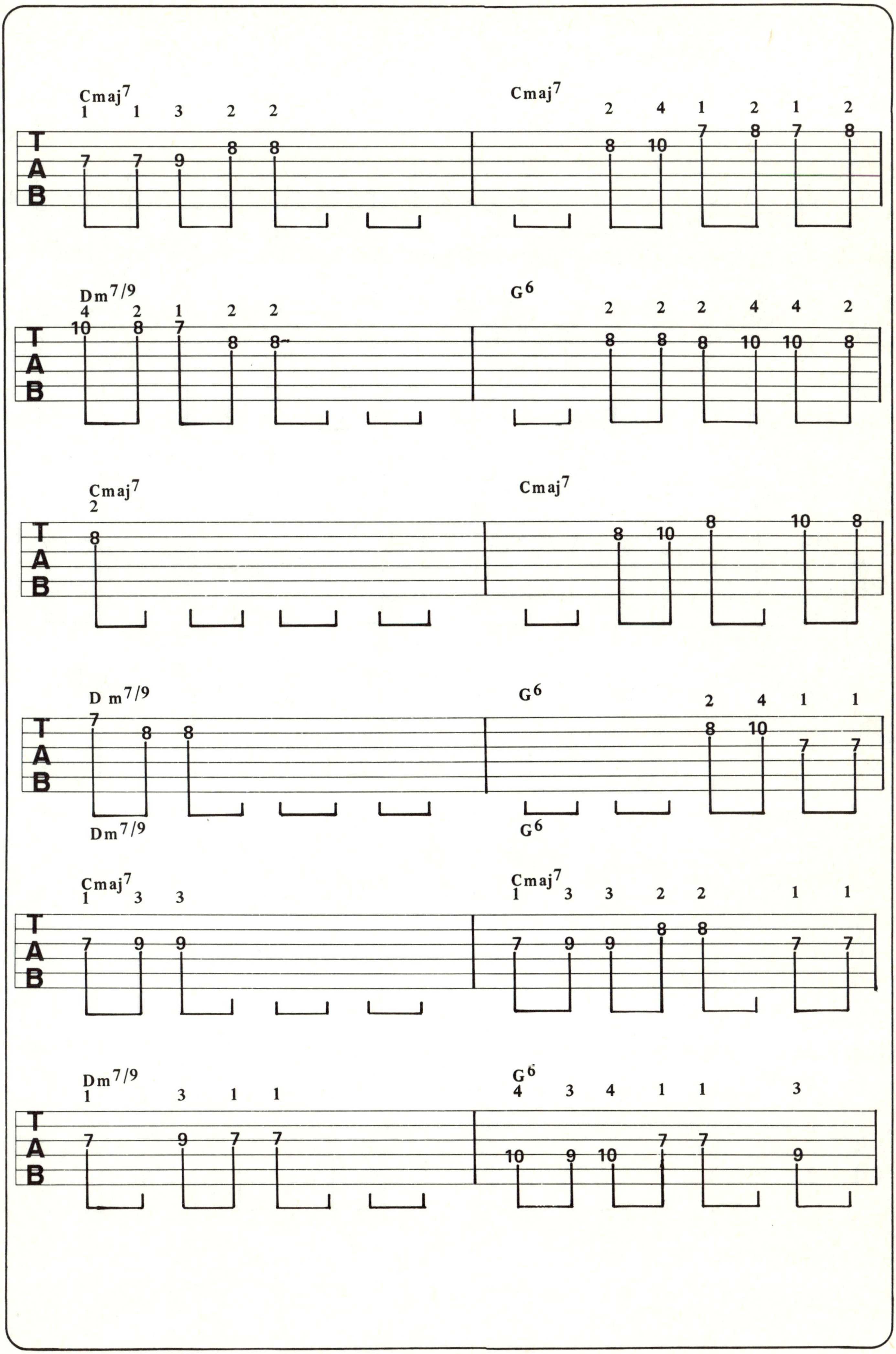
Cmaj7
Cmaj7
Dm7/9
G6
Cmaj7
Cmaj7
D m7/9
G6
Dm7/9
G6
Cmaj7
Cmaj7
Dm7/9
G6

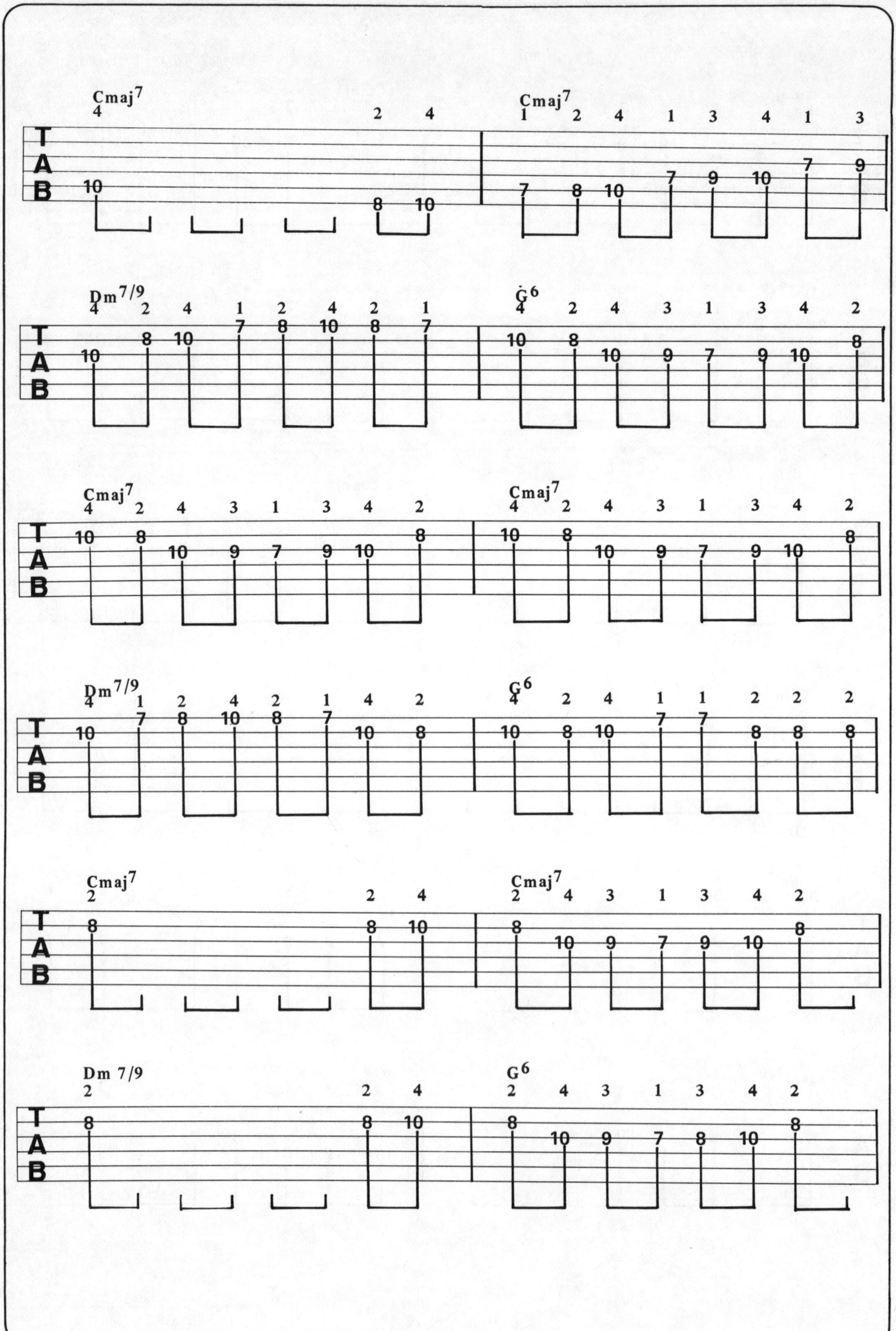
Cmaj7
Cmaj7
Dm7/9
G6
Cmaj7
Cmaj7
Dm7/9
G6
Cmaj7
Cmaj7
Dm 7/9
G6

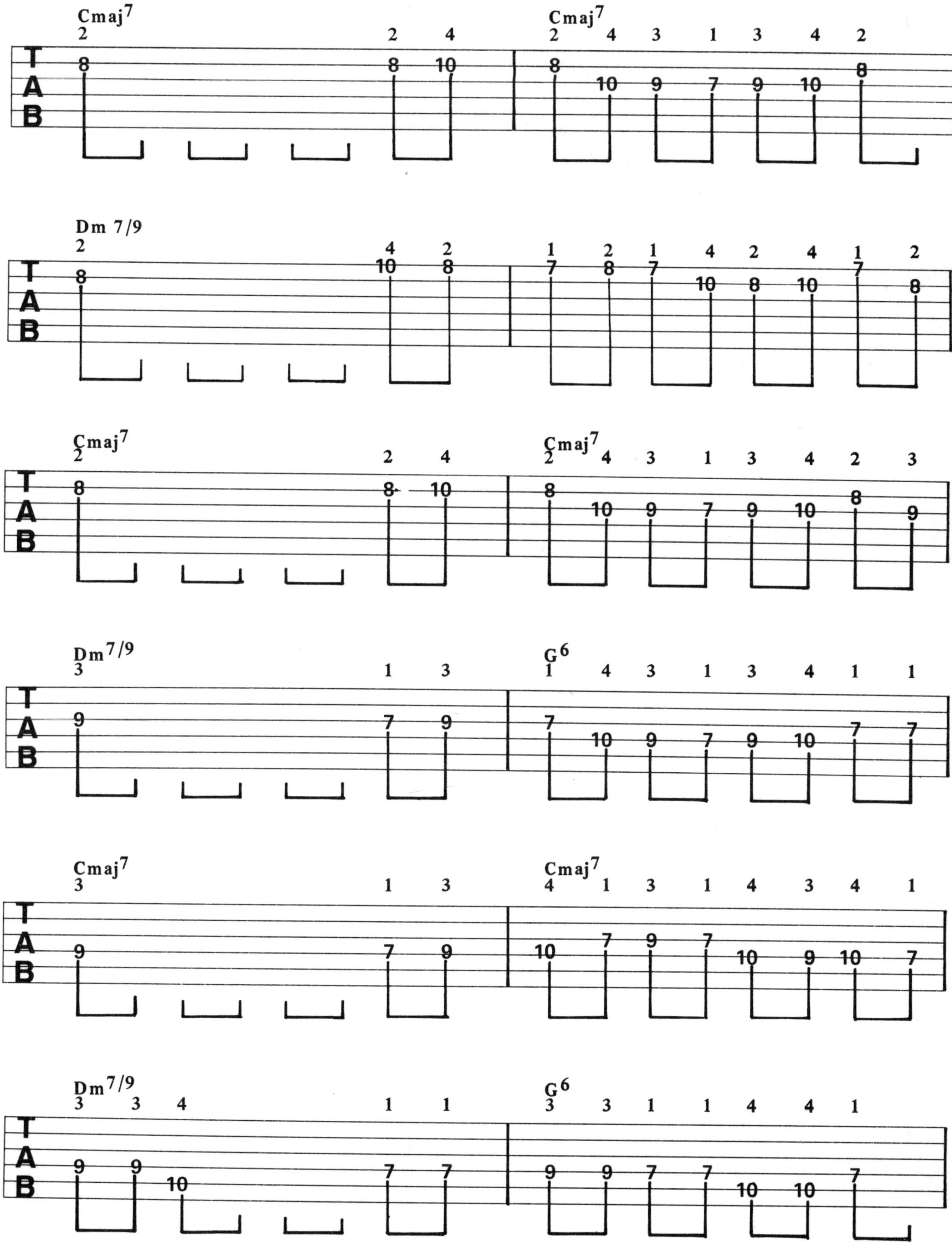
Cmaj7
Cmaj7
Dm 7/9
Cmaj7
Cmaj7
Dm7/9
G6
Cmaj7
Cmaj7
Dm7/9
G6

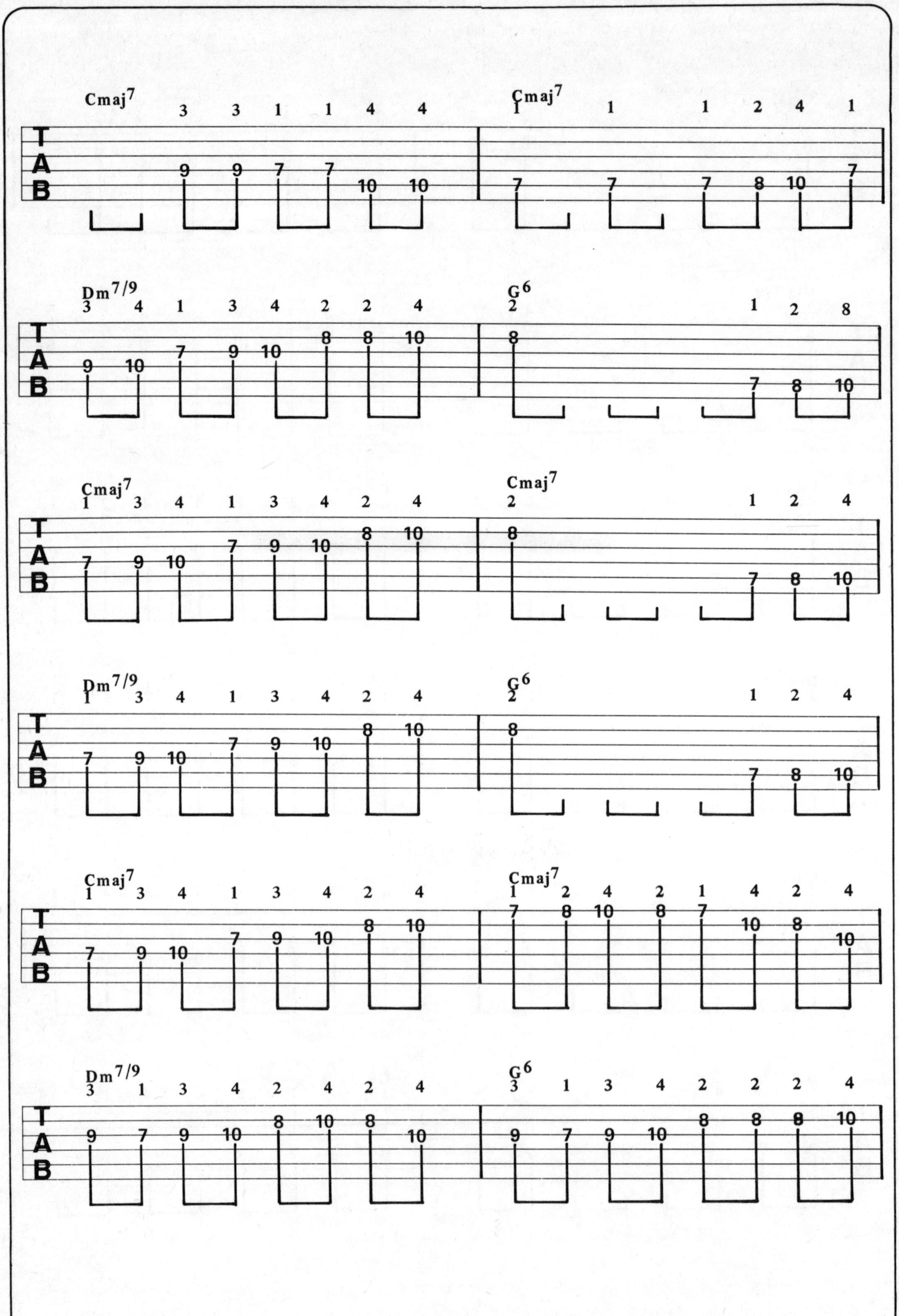
Cmaj7
Cmaj7
Dm7/9
G6
Cmaj7
Cmaj7
Dm7/9
G6
Cmaj7
Cmaj7
Dm7/9
G6

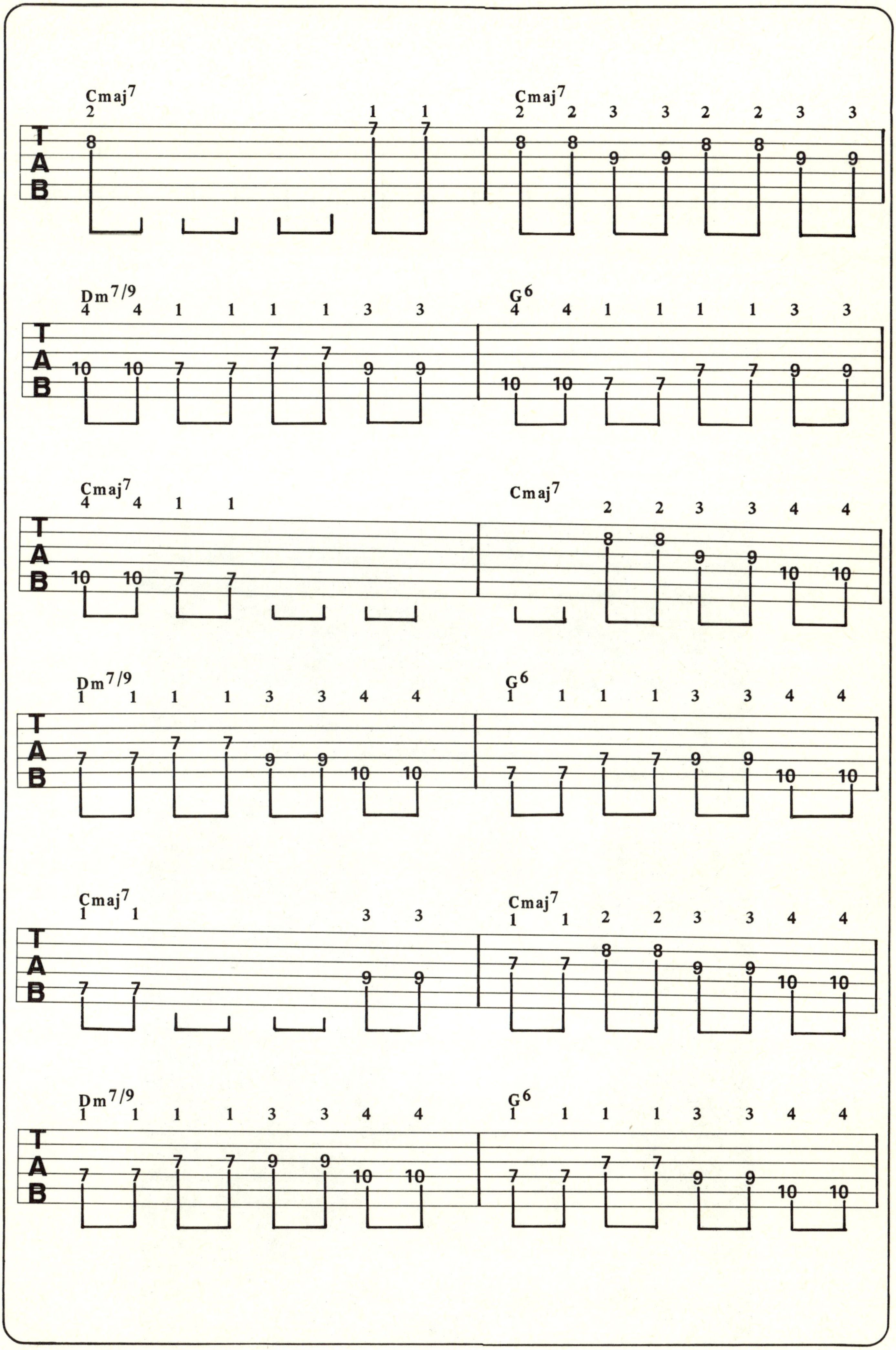
Cmaj7
Cmaj7
Dm7/9
G6
Cmaj7
Cmaj7
Dm7/9
G6
Cmaj7
Cmaj7
Dm7/9
G6

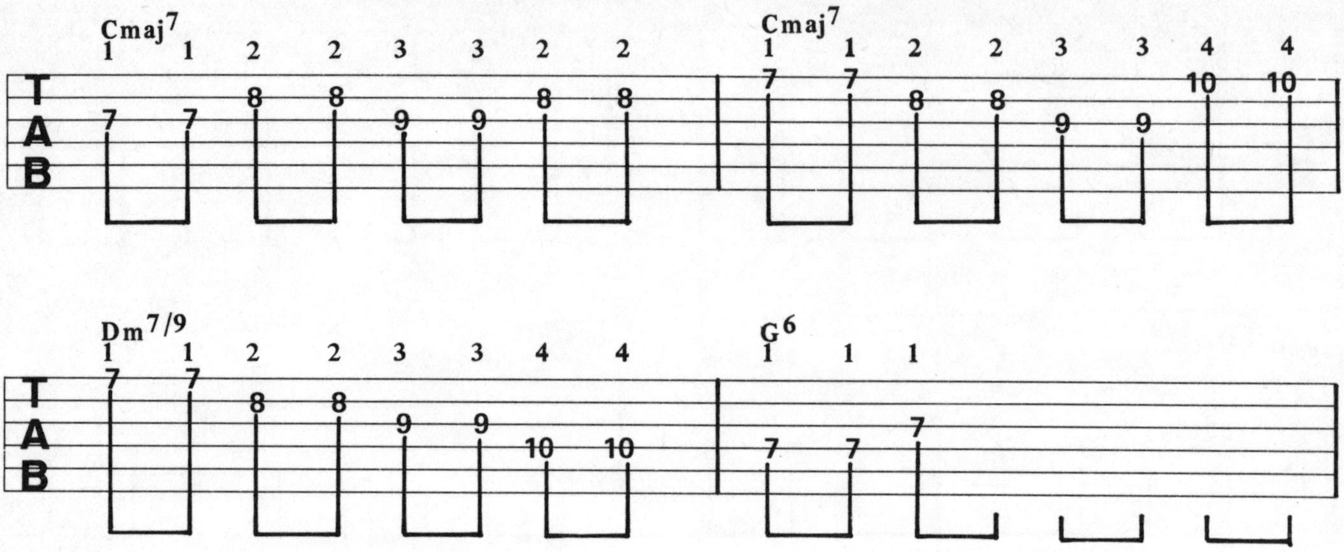
Cmaj7
Cmaj7
Dm7/9
G6
TAB

Zusammenstellung der Lagen mit ihren Fingersätzen für die Tonleitern verschiedener Tonarten

Ich habe dir an der Tonart C-Dur gezeigt, wie man improvisieren lernen kann. Wenn du bei anderen Tonarten genauso vorgehst, wird es keine Probleme geben. Den Start in andere Tonarten will ich dir noch mit einer kleinen Zusammenstellung von Tonleitern verschiedener Tonarten in unterschiedlichen Lagen und den entsprechenden Fingersätzen erleichtern. Wie man damit umgeht hast du gelernt.

G – Dur Tonleiter

2. Lage

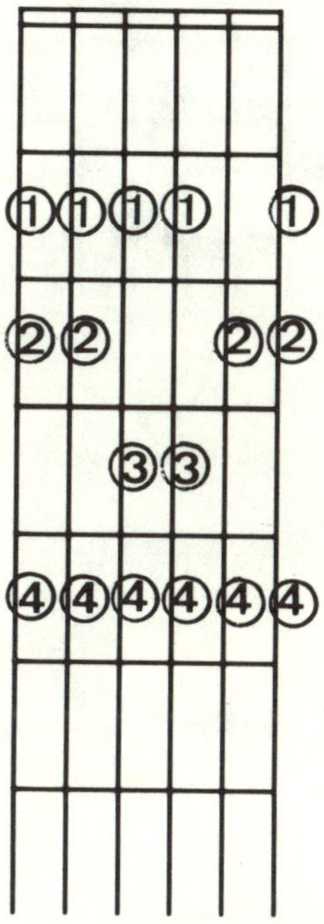

4. Lage

3 Überstreckungen

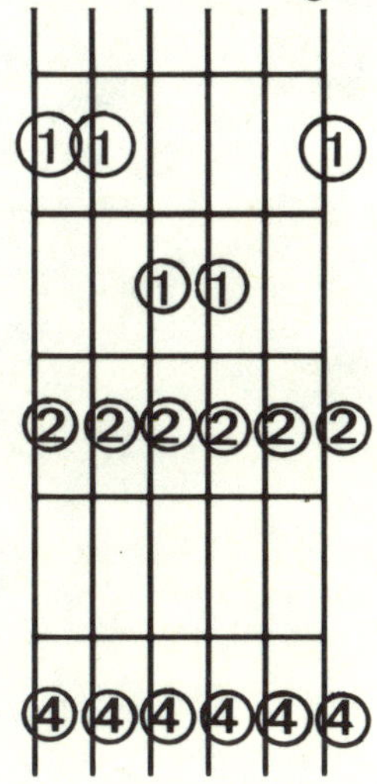

5. Lage 2 Überstreckungen mit dem kleinen Finger

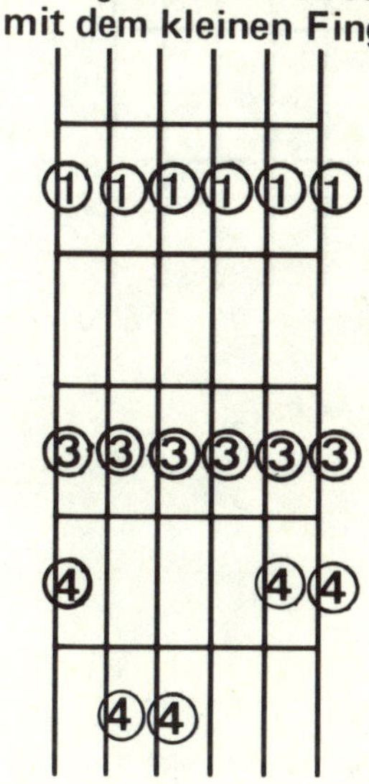

5. Bund

7. Lage

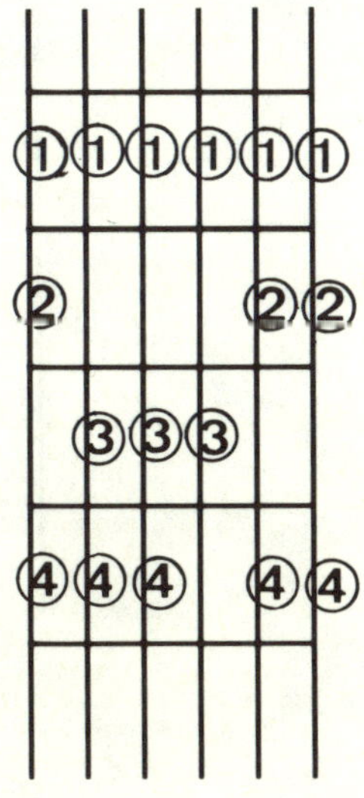

7. Bund

9. Lage

zwei Überstreckungen

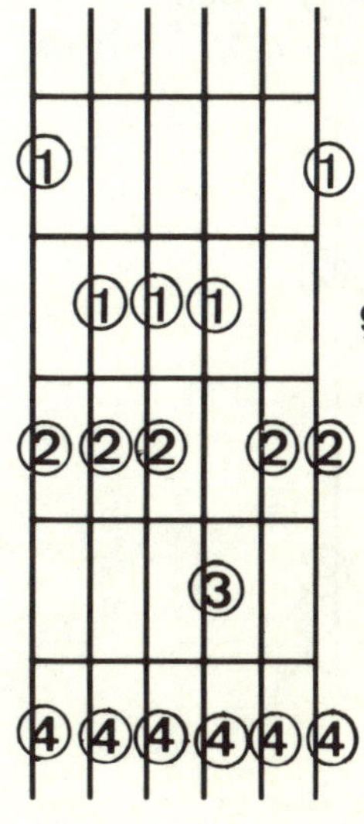

9. Bund

D – Dur

2. Lage

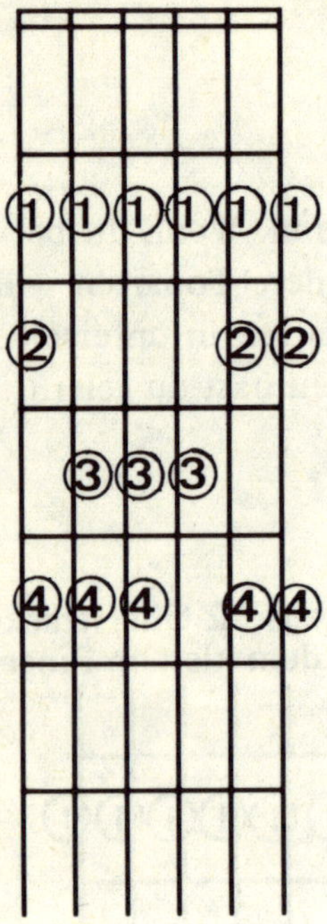

3. Lage

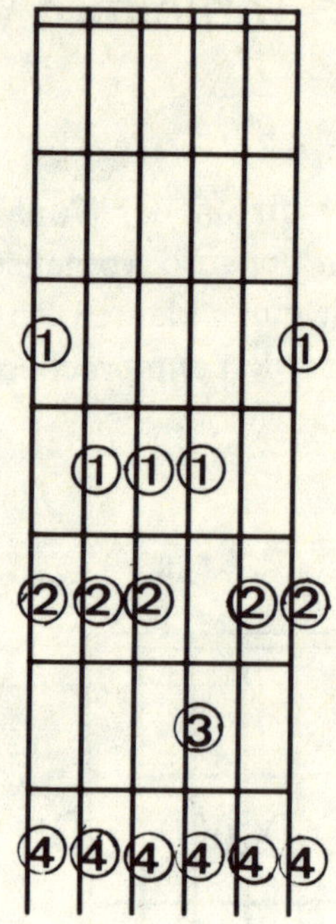

6. Lage

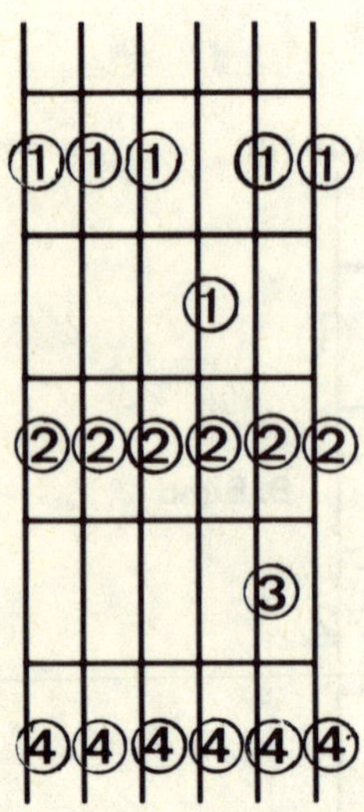

5. Bund

7. Lage

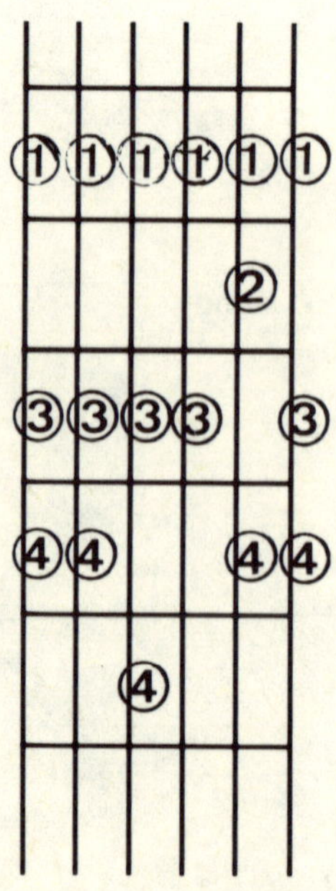

7. Bund

9. Lage

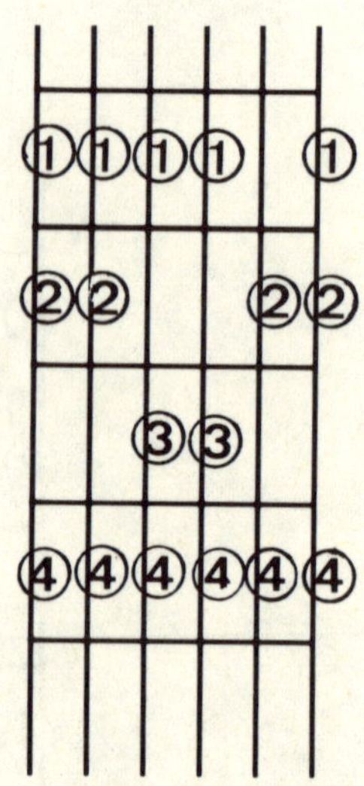

9. Bund

A – Dur

2. Lage

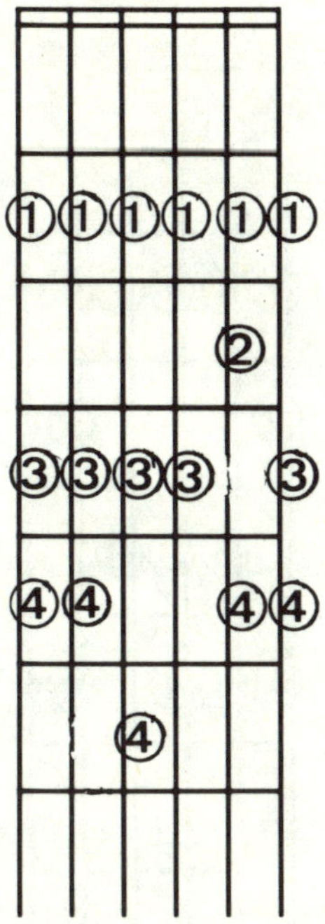

4. Lage

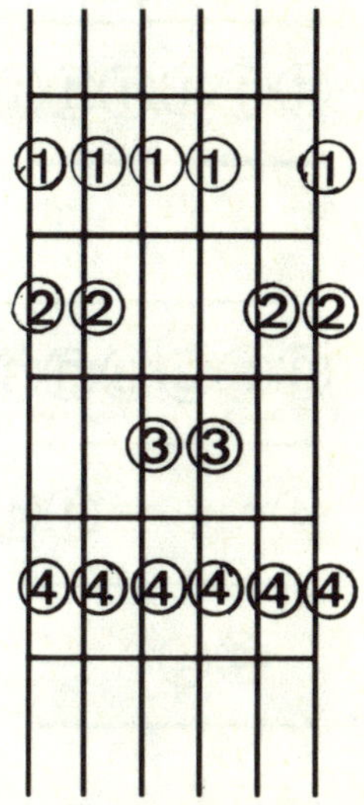

4. Bund

3 Überstreckungen
des Zeigefingers

6. Lage

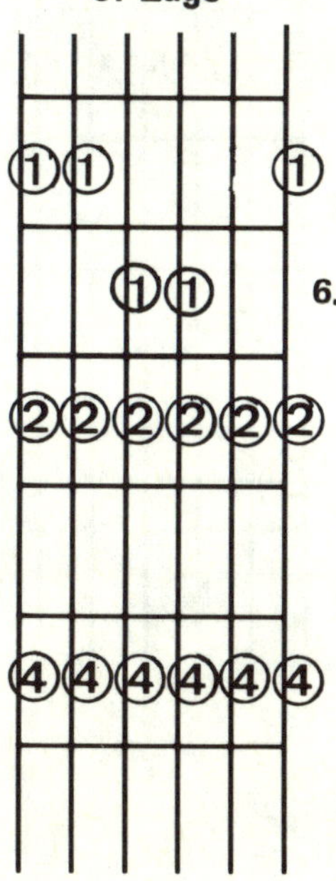

6. Bund

2 Überstreckungen
des kleinen Fingers

7. Lage

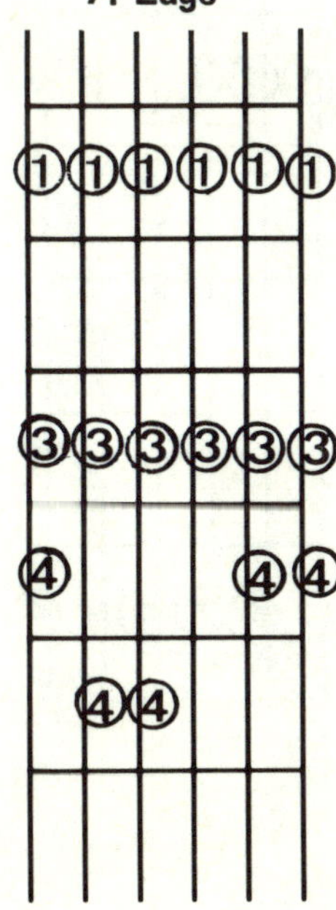

7. Bund

9. Lage

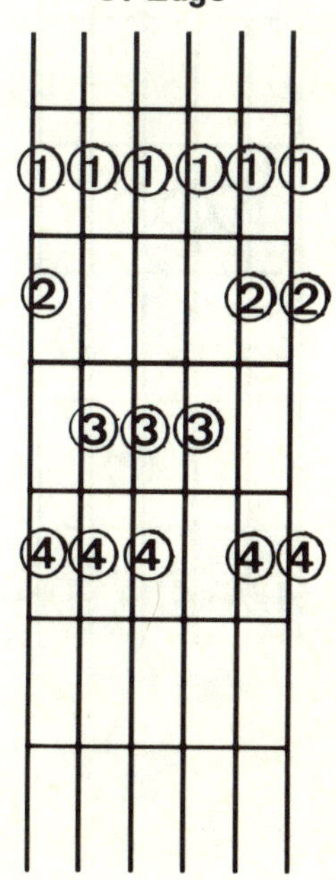

9. Bund

E – Dur

2 Überstreckungen
des kleinen Fingers

2. Lage

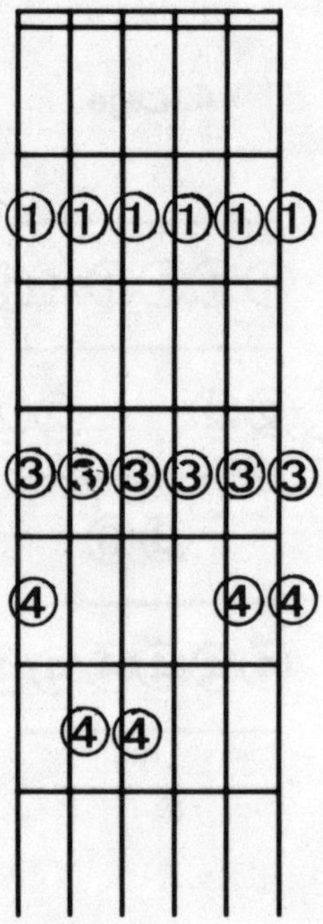

4. Lage

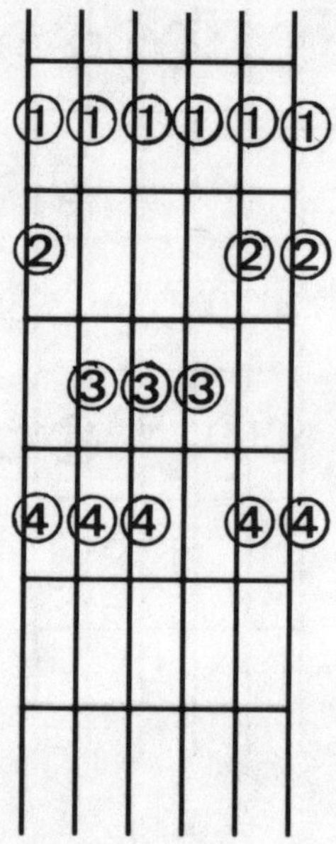

4. Bund

6. Lage

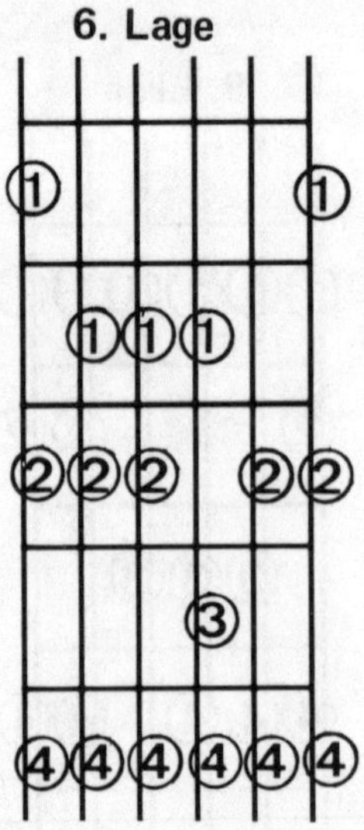

6. Bund

4 Überstreckungen
des Zeigefingers

8. Lage

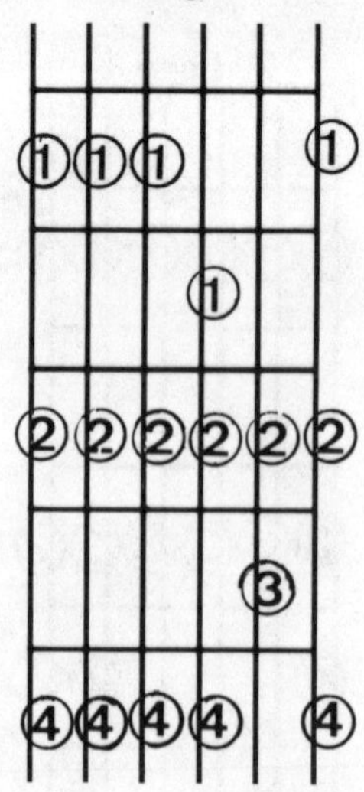

8. Bund

1 Überstreckung
des kleinen Fingers

9. Lage

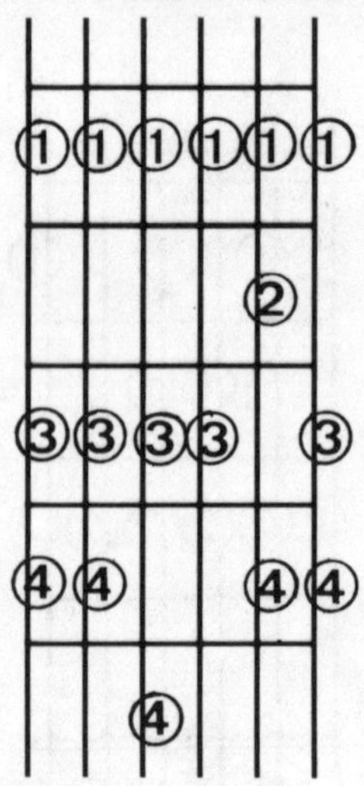

9. Bund

F – Dur

2. Lage

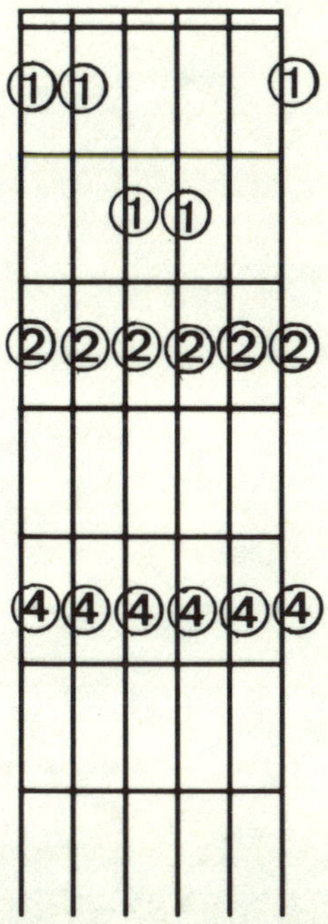

3. Lage

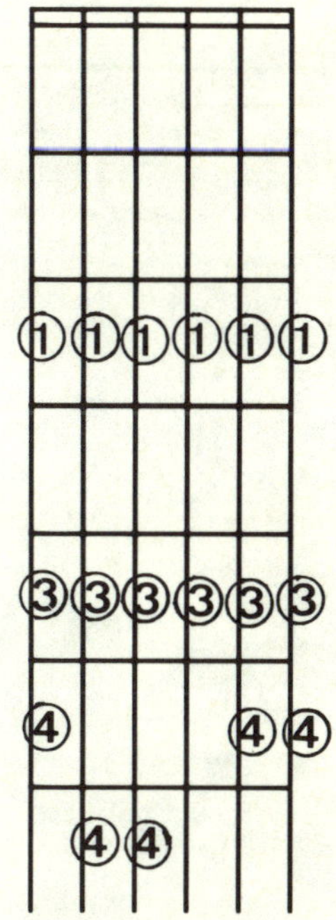

5. Lage

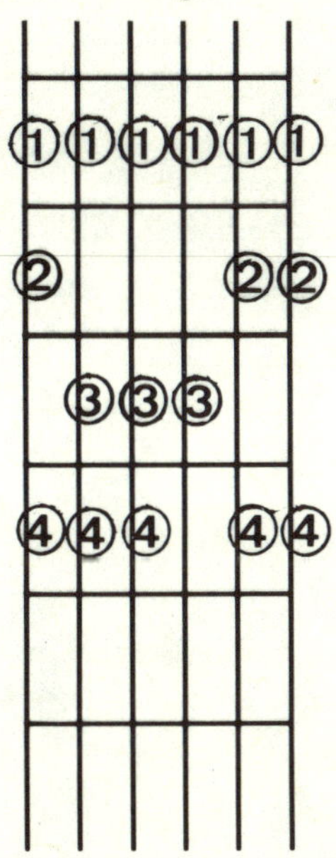

5. Bund

7. Lage

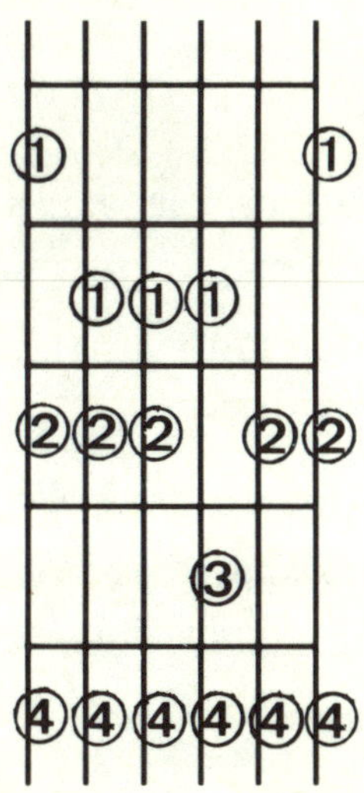

6. Bund

4 Überstreckungen
des Zeigefingers

9. Lage

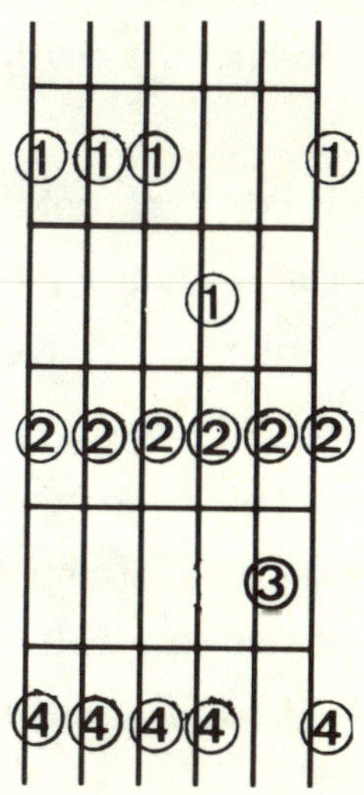

8. Bund

Gebrauchstip für die beiliegende Folienplatte:

Ich rate dir, zunächst auf deinen Plattenspieler eine alte LP zu legen. Darauf legst du dann die Folienplatte. Das Gewicht des Tonabnehmers stellst du so ein, daß die Folie gut klingt.
Die Folie ist stereo , links hörst du die Rhythmusgitarre, rechts die Leadgitarre. Ich empfehle dir jedoch die Folie auf eine Kassette (stereo) zu überspielen. Dadurch kannst du dann leichter mit Hilfe des Zählwerkes die Stellen der Aufnahme wiederfinden, die du gerade üben willst.

Herzlichst

Dieter Szametat

Die E-Gitarre
Equipments Riffs Slidings
Bendings E-Vibratos Soli
Tricks Gags E-Picking
Voggenreiter-Verlag
Volkmar Kramarz
mit Platte

Die Band
Feeling für's Zusammenspiel
Sounds & Soli
Volkmar Kramarz Die Band
E-Gitarre
Drums
Keyboard
Bass
Volkmar Kramarz
Voggenreiter-Verlag
Voggenreiter-Verlag
Voggenreiter-Verlag
mit Platte

Siegfried Hofmann
Das große Buch für Schlagzeug und Percussion
mit Platte

von A-Z
1000 TIPS FÜR DIE GITARRE
Jetzt blick' ich durch!
Mike Eulner
Jacky Dreksler
Voggenreiter-Verlag

Peter Bursch
Mit allen Informationen für die Gitarre!
Das Folk-Buch
Über 100 der besten Songs.
Für fast jeden Song seine Geschichte.
Mit den richtigen Griffen und Tabulaturen für jeden Song.
Voggenreiter-Verlag

Pickings
WERNER LÄMMERHIRT
Voggenreiter Verlag
Mit Tabulaturen & Noten

Reinhard Mey
Alle Lieder von Anfang an bis heute
Mit Tabulaturen, Zupftechniken für Gitarre und Noten!

Stephan Schmidt
DAS KLASSISCHE GITARRENBUCH
Fünfzig Stücke aus fünf Jahrhunderten in Tabulatur und Noten
MIT SCHALLPLATTE
Voggenreiter Verlag